하나님은
비전의 사람을 쓰신다

박 복 수 목사

머리말

하나님은 비전의 사람을 쓰신다

초등학교 4학년 때였다. 고(故)이성봉 목사님께서 인도하시는 부흥회에 참석, 성령세례를 받는 체험을 하였다. 그날, '목사가 되어야지.' 라는 비전을 갖게 되었다. 그 마음은 성령님께서 주신 것이지 결코, 어린 소년의 들뜬 생각은 아니었다. 그런데 성장하면서 세상에서의 삶에 지쳐 목사가 도는 것은 쉽지 않았다, 결코. 그렇지만 하나님은 위대하시다. 어린 시간에 선택해주신 하나님께서 나에게 주신 비전을 이루어주셨다. 목사의 비전을 품었던 자에게 여러 가지로 연단을 거치게 하시고, 목회자의 길로 들어서게 해주셨다.

조치원장로교회에서 교육전도사로 교회를 섬기도록 인도해주신 것이다. 그리고 이 교회에서 강도사로, 위임목사로 하나님과 교회를 위하여 충성을 하게 하셨다. 교회에서 34년을 시무하게 하시고, 원로 목사로 추대를 받게 하신 하나님이시다.

교회를 시무하면서 성도들에게 선포했던 일관된 메시지는 "하나님은 비전의 사람을 쓰신다."(잠 29:18)였다. 이 메시지의 제목으로 한 권의 설교집을 엮어서 내놓는다. 하나님께 영광을 드린다.

이것은 설교집이라기보다는 나의 신앙고백서라 해도 좋다.

문서사역 종려가지 출판사의 한치호 목사님께 진심으로 감사드린다.

조치원 장로교회 원로 박복수 목사

차 례

>>>> 첫째 묶음

행복한 부부생활 _ 창 2:18-25 ·················· 11
자녀들에게 축복의 말을 _ 창 27:1-4, 25:40 ·········· 14
기도할 때 열린 홍해 길 _ 출 14:10-16 ··············· 16
추수감사절의 의의 _ 출 23:14-19 ·················· 19
화목제를 드려라 _ 레 3:1-17 ······················ 22
네 부모를 공경하라 _ 신 5:16 ····················· 26
맥추절을 지켜라 _ 신 16:9-12 ····················· 30
중보기도 사역은 기적을 창조 _ 수 10:5-15 ············ 33
기드온의 삼백 명 용사처럼 _ 삿 7:1-8 ················ 37
자기 생명 같이 사랑하다 _ 삼상 18:1-4, 19:1-7 ········· 40
충성한 세 용사처럼 _ 삼하 23:13-17 ················ 44
끝까지 사명을 수행하자 _ 왕상 13:1-10 ·············· 47
야베스의 기도를 나의 것으로 _ 대상 4:9-19 ············ 49
시작은 미약하였으나 창대한 복을 _ 욥 8:5-7 ·········· 52
오른손으로 보호, 구원해 주시다 _ 시 17:1-15 ········· 55

>>>> 둘째 묶음

교회를 사랑하는 자는 _ 시 122:1-9 ················· 61
하나님의 인도하심을 받으려면 _ 잠 3:1-10 ············ 65

하나님은 비전의 사람을 쓰신다 _ 잠 29:18 ·············· 69
남북 평화를 위한 기도 _ 렘 29:11-13 ·············· 72
여호와는 이스라엘의 기념칭호 _ 호 12:3-6 ·············· 74
한국전쟁 후에 평화를 주시다 _ 미 4:3-4 ·············· 77
현대판 전도자 요나가 되자 _ 욘 3:1-10 ·············· 80
부흥의 불길 타오르게 하소서 _ 합 3:1-2 ·············· 84
온전한 십일조와 축복 _ 말 3:8-12 ·············· 88
돌이키게 하리라_말 4:1-6 ·············· 91
주님께 쓰임 받는 나귀처럼 _ 마 21:1-11 ·············· 94
예수님이 창설하신 성만찬 _ 마 26:17-30 ·············· 97
예수님의 거룩한 습관을 본받자 _ 막 1:35-39 ·············· 100
어린 아이들에게 안수하고 축복하자 _ 막 10:13-16 ······ 103
예수님과 삭개오 _ 눅 19:1-10 ·············· 106

>>>> 셋째 묶음

부활하신 예수님을 만나라 _ 눅 24:28-35 ·············· 111
예수님의 감사생활을 본받자 _ 요 6:1-13 ·············· 114
양의 문이 되시는 선한 목자 예수님 _ 요 10:1-28 ······ 117
영원한 친구 예수님 _ 요 15:13-19 ·············· 120
부활 신앙인으로 변화되자 _ 행 2:21-42 ·············· 123
성령이 충만한 사람 _ 행 4:5-12 ·············· 126
십자가와 성찬의 능력 _ 고전 1:17-18 ·············· 129
성찬-대속의 은혜를 기념하는 예식 _ 고전 11:23-32 ······ 132
믿음, 소망, 사랑이 넘치는 교회 _ 고전 13:13 ·············· 134
고난을 축복으로 바꾸라 _ 고후 1:31 ·············· 137

많이 심는 자, 많이 거두어들이다 _ 고후 9:5-15 140
예수님이 주신 참 자유 _ 갈 5:1,13-15 143
은혜와 평강의 축복이 _ 엡 1:1-14 146
지혜 있는 성도의 삶의 자세 _ 엡 5:15-21 149
예수님의 겸손을 본받자 _ 빌 2:1-11 153

>>>> 넷째 묶음

우리도 하나님 나라의 독립운동가 _ 빌 4:1-9 159
넘치는 감사 생활 _ 골 2: 6-7 162
항상 은혜로운 말을 하자 _ 골 4:6 165
범사에 감사하라 _ 전 5:16-24 168
하나님 교회의 기둥 같은 인물들 _ 딤전 3:15 171
예수님을 믿어야 천국 가는 길 _ 딤후 3:14-17 173
용서는 서로가 사는 길이다 _ 몬 1:8-18 176
예수님께로 나아와 은혜를 받자 _ 히 4:14-16 179
영원한 친구 되신 예수님 _ 히 13:5-8 182
거듭난 자에게는 산 소망이 _ 벧전 1:3-9 185
성경의 빛 _ 벧후 1:19-21 188
세상을 이기는 성도들 _ 요일 2:12-17 192
성령님은 내 친구_ 요일 4:13 195
선을 행하면 하나님께 기쁨 _ 요삼 9-12 198
예수님 오셨다, 문 열어라 _ 계 3:14-22 201
생명책과 행위책 _ 계 20:11-15 203

첫째 묶음

행복한 부부생활_창 2:18-25

자녀들에게 축복의 말을_창 27:1-4, 25:40

기도할 때 열린 홍해 길_출 14:10-16

추수감사절의 의의-출 23:14-19

화목제를 드려라_레 3:1-17

네 부모를 공경하라_신 5:16

맥추절을 지켜라_신 16:9-12

중보기도 사역은 기적을 창조_수 10:5-15

기드온의 백 명 용사처럼_삿 7:1-8

자기 생명같이 사랑하다_삼상 18:1-4, 19:1-7

자원하여 충성한 세 용사처럼_삼하 23:13-17

끝까지 사명을 수행하자_왕상 13:1-10

야베스의 기도를 나의 것으로_대상 4:9-19

시작은 미약하였으나 창대한 복을_욥 8:5-7

오른손으로 보호, 구원해 주시다_시 17:1-15

행복한 부부생활

창세기 2:18-25

1. 서로 돕는 배필

> 창 2:18, 여호와 하나님이 이르시되 사람이 혼자 사는 것이 좋지 아니하니 내가 그를 위하여 돕는 배필을 지으리라 하시니라

돕는 배필은 조력자, 반려자라는 뜻이다. 한문으로 사람(人, 인)자는 서로 돕는 배필임을 나타내는 뜻글자이다.

하나님은 사람을 창조하실 때 남자를 먼저 만드시고 아담을 깊이 잠들게 하신 다음 갈빗대 하나를 취하고 그 갈빗대로 여자를 만드시고 아담에게로 인도하셨다.(창 2:21-22)

아담은 하나님께서 이끌어온 여자를 보고,

> 창 2:23, 이는 내 뼈 중의 뼈요 살 중의 살이라 이것을 남자에게서 취하였은즉 여자라 부르리라

남자 아담의 갈빗대로 만든 여자는 결혼하게 되면 갈빗대의 주인을 찾는 것이 되고, 돕는 배필이 되어 행복한 가정을 이루고 살도록 하나님께서 맺어주신 가정의 주인공이다.

2. 한 몸을 이루고 사는 행복

결혼에 3대 원리가 있다.

- 책임성을 지닌 성숙한 존재로 부모로부터 떠나는 독립성.

- 동등한 두 인격체가 만나는 연합성.
- 두 몸이 사랑으로 하나 되는 합일성이다.

사도 바울은 남녀의 동등, 연합하여 행복하게 살 것을 교훈하였다.

> 엡 5:22-25, 아내들이여 자기 남편에게 복종하기를 주께 하듯하라 이는 남편이 아내의 머리 됨이 그리스도에게 하듯 아내들도 범사에 자기 남편에게 복종할지라 남편들아 아내 사랑하기를 그리스도께서 교회를 사랑하시고 그 교회를 위하여 자신을 주심 같이 하라

> 엡 5:28, 이와 같이 남편들도 자기 아내 사랑하기를 자기 자신과 같이 할지니 자기 아내를 사랑하는 자는 자기를 사랑하는 것이라

> 엡 5:31~33, 그러므로 사람이 부모를 떠나 그의 아내와 합하여 그 둘이 한 육체가 될지니 이 비밀이 크도다 너희도 각각 자기 아내 사랑하기를 자신 같이 하고 아내도 자기 남편을 존경하라

3. 부부에 대한 어록

별다른 개성을 가진 남녀가 결합하여 한 개의 인격이 된다. 그러나 거기에 벌써 협동의 문제가 생기게 된다. 그리고 부부의 협동이란? 1+1=2가 아니라 1+1=1이 되는 것이다. 그들의 개성은 반만 남고 반은 죽이고 희생을 하여야 사랑이다.

희생과 애정, 이 두 가지 없이 부부생활이 불가능 한 것은 너무나 자명하다. 놀라운 것은 1+1=3도 되고 4, 5, 6으로 증가될 수 있는 것이 부부의 비밀이다.

- 프랑스 속담: 부부가 서로 사랑하는 것은 가장 아름다운 일이다.
- 이탈리아 속담: 아내가 없는 남자는 고삐없는 말이요, 남편이 없는 여자는 키 없는 배다.
- 소크라테스: 너희가 양처를 가지면 행복자가 되고 악처를 가지면 철학자가 된다.

4. 서로에게 최선을 다함

하나님을 함께 경외하는 믿음을 가져야 한다.

   암 3:3, 두 사람이 뜻이 같지 않은데 어찌 동행하겠으며

부부간에 신앙이 다르면 빨리 하나님 섬기는 방향을 가져야 한다.

나아가서 서로를 귀히 여겨야 한다.

   벧전 3:7, 귀히 여기라 이는 너희 기도가 막히지 아니하게 하려 함이라

인내와 기도하는 부부가 되자.

   막 5:11, 보라 인내하는 자를 우리가 복되다 하나니

부부가 살다보면 성격, 경제, 환경 등의 문제로 다툼이 생길 수 있으나 참고 인내하고 기도하면 해결될 수 있다.

   잠 31:30, 고운 것도 거짓되고 아름다운 것도 헛되나 오직 여호와를 경외하는 여자는 칭찬을 받을 것이라

5. 남자와 여자 그리고 사명

히브리어로 남자는 이쉬, 여자는 이솨를 사용하는데 이쉬에서 이솨로 파생된 말이며, 하나님께로부터 성품을 함께 나누어 받은 동등한 인격체이다.

   창 1:27-28, 하나님이 자기 형상 곧 하나님의 형상대로 사람을 창조하시고 하나님이 그들에게 복을 주시며 하나님이 그들에게 이르시되 생육하고 번성하여 땅에 충만하라, 땅을 정복하라, 바다의 물고기와 하늘의 새와 땅에 움직이는 모든 생물을 다스리라 하시니라

자녀들에게 축복의 말을

창세기 27:1-4, 25:40

1. 장자에게 축복을 하고 싶었던 아버지

이삭은 아브라함의 나이 100세에 부인 사라에게서 태어난 아들이다.

> 창 21:3-6, 아브라함이 그에게 태어난 아들 곧 사라가 자기에게 낳은 아들을 이름하여 이삭이라 하였고, 아브라함이 그의 아들 이삭이 그에게 태어날 때에 백 세라 사라가 이르되 하나님이 나를 웃게 하시니 듣는 자가 다 나와 함께 웃으리로다

이삭은 장자의 축복권이 얼마나 존귀한 것인가를 알고 있었다. 사실, 하나님께서 간섭을 하지 않으셨다면 이삭은 서모 하갈의 아들 이스마엘에게 장자권을 빼앗길 뻔하였다. 이스마엘은 아브라함이 86세 때 낳은 아브라함의 첫 아들이다.(창 16:16)

> 갈 4:22, 기록된 바 아브라함에게 두 아들이 있으니 하나는 여종에게서, 하나는 자유 있는 여자에게서 났다 하였으며

> 30절, 그러나 성경이 무엇을 말하느냐 여종과 그 아들을 내쫓으라 하리라 하였느니라

2. 사냥하러 나간 아들

이삭은 아버지 아브라함의 영적 장자의 유업을 축복으로 이어받은 것을 소중히 간직하였다가 이제, 나이가 많아 죽긴 전에 장자 권을 아들에게 축복하여 넘겨주라고 하였다. 에서와 야곱은 쌍둥이 형제이다. 에서가 먼저 출

생 되어 형이 되었고, 야곱은 동생이었다. 그러므로 형인 에서가 당연히 장자의 축복권을 받아야 순리이다.

> 창 27:1-4, 이삭이 나이가 많아 눈이 어두워 이삭이 이르되 내가 이제 늙어 어느 날 죽을는지 알지 못하니 그런즉 내가 즐기는 별미를 만들어 내게로 가져와서 먹게 하여 내가 죽기 전에 내 마음껏 네게 축복하게 하라

이 소리를 들은 장자 에서는 별미 만들 재료를 사냥하러 들로 나갔다.

3. 장자의 축복기도를 받은 차자(야곱)

어머니 리브가의 도움을 받아 야곱은 에서가 오기 전에, 별미를 만들고 형의 옷을 훔쳐 입고 매끈매끈한 부분은 염소새끼의 가죽 털로 변장하여 에서인양 아버지를 속이고 장자가 받아야 될 축복을 받았다.

> 창 27:27-29, 내 아들의 향취는 여호와께서 복 주신 밭의 향취로다 하나님은 하늘의 이슬과 땅의 기름짐이며 풍성한 곡식과 포도주를 네게 주시기를 원하노라 만인이 너를 섬기고 열국이 네게 굴복하리니 네가 형제들의 주가 되고 네 어미의 아들들이 네게 굴복하며 너를 저주 하는 자는 저주를 받고 너를 축복 하는 자는 복을 받기를 원하노라

이삭이 야곱에게 축복하기를 마치매, 하나님은 이삭이 아들 야곱에게 축복한 말을 다 들으시고 그에게 하늘의 신령한 복을 주셨다.

후대에서 이스라엘 나라가 세워지고, 다윗 왕이 세워지고 예수 그리스도 인류의 구세주가 나셨다. 땅의 기름진 복도 얻어 이스라엘은 경제 대국이 되었다. 자녀들에게 축복하자. 하나님이 들으시고 자녀들에게 복을 주신다.

기도할 때 열린 홍해 길

출애굽기 14:10-16

1. 하나님께 부르짖어 기도하다

출 14:10, 바로가 가까이 올 때에 이스라엘 자손이 눈을 들어 본즉 애굽 사람들이 자기들 뒤에 이른 지라 이스라엘 자손이 심히 두려워하여 여호와께 부르짖고

사람들은 평안하고 형통할 때 하나님을 잊어버린다. 기도를 하지 않는다. 그것은 기도를 하지 않아도 안일무사하고, 형통하니 기도의 필요성을 망각하는 것이다. 그러나 시험을 당하면 두려워하고 기도한다.

사도 바울은 살전 5:17, 쉬지 말고 기도하라

예수님은 눅 21:36, 항상 기도하며 깨어 있으라

2. 두려움을 이기려는 기도

왜 기도하는가? 두려우니까, 두려움을 이기려고 기도한다. 북한이 핵실험을 한 것은 핵무기를 보유하고 있다는 것을 과시한 것이다. 북한은 대포동 미사일 실험발사하고, 또 위성발사 시험을 계속하고 있다. 이것을 본 남한 국민은 두려운 것이다. 북한의 극우파들은 "서울을 불바다로 만들겠다, 미국을 초토화 하겠다"는 말을 농담으로 들어서는 안 된다. 전쟁에 대한 두려움이 있다.

그보다 당면한 더 큰 두려움이 있다. 생존권문제이다. 실직문제이다. 비정규직법 때문에 국회는 싸움만 하고, 비정규직 직원은 정규 직원 전환될 것

을 기다리다가 일자리를 잃어 쫓겨났다. 해고된 근로자들이 살길이 막막하다고 한숨을 쉬고 있다.

이스라엘 백성은 진퇴양난의 두려움에 처할 때 하나님께 부르짖어 기도 하였다. 두려움 때문에 낙심, 좌절, 절망할 것이 아니라 두려움을 안고 하나님께로 나아와 기도하자. 의사가 못 고칠 질병이 있는가? 질병을 하나님 앞에 내어 놓고 부르짖어 기도하자.

아브라함의 후처 하갈과 이스마엘이 쫓겨난다. 물도 다 떨어지자 떨기나무 아래에서 하갈이 방성대곡하며 하나님께 부르짖었다. 하나님의 사자가 나타나 하갈아 무슨 일이냐 두려워하지 말라 하나님이 저기 있는 아이의 소리를 들으셨나니 일어나 아이를 일으켜 네 손으로 붙들 라 그로 큰 민족을 이루게 하리라 하시니라 하나님이 하갈의 눈을 밝히셨으므로 샘물을 보고 가서 가죽 부대에 물을 채워다가 그 아이에게 마시게 하였더라 광야로 쫓겨난 모자 하나님께 기도하였더니 샘물을 발견하게 하고 살아 큰 민족을 이루게 하신 하나님이시다.(창 21:9-21)

> 딤후 1.7, 하나님이 우리에게 주신 것은 두려워하는 마음이 아니요 오직 능력과 사랑과 절제하는 마음이라 하셨다.

3. 하나님의 행하시는 구원을 기대하자

우리가 부르짖어 기도하고 믿음으로 기도하였다면 기다림이 필요하다. 우리는 인내의 모범을 보이신 예수님의 삶을 본받아 인내함이 있어야 한다. 모세는 백성들의 원망하는 원성을 들었다. 평탄할 때의 존경심은 없어지고, 위급이 닥쳐오자 죄악성이 들어 났다.

> 출 14:11-12, 모세 당신, 우리를 이끌어 내어 이 광야에서 죽게 하느냐 애굽 사람을 섬기는 것이 광야에서 죽는 것보다 낫겠노라

원망과 불평이 대단하였다.

우리에게는 참을성이 있어야 한다. 우리 한국인은 성질이 급하다. 외국 여행객들의 말이다. 한국 사람은 무엇이든지 - 빨리 빨리한다고 흉을 본다.

이때, 모세가 백성에게 일러주었다.

> 출 14:13, 14, 너희는 두려워하지 말고 가만히 서서 여호와께서 오늘 너희를 위하여 행하시는 구원을 보라 여호와께서 너희를 위하여 싸우시리니 너회는 가만히 있을지니라

4. 기도할 때 홍해 길이 열리다

이스라엘 백성이 부르짖어 기도하였다.

모세가 하나님께 부르짖을 때, 놀라운 기적이 나타났다.

> 출 14:19-20, 이스라엘 진 앞에 가던 하나님의 사자가 그들의 뒤로 옮겨 가매 구름 기둥도 앞에서 뒤로 옮겨 애굽 진과 이스라엘 진 사이에 이르러 서니 저쪽에는 구름과 흑암이 있고 이쪽에는 밤이 밝으므로 밤새도록 저쪽이 이쪽에 가까이 못하였더라하였다

홍해가 갈라져 갈 길이 트였다.(출 14:21-31)

이스라엘 백성은 다 건너 완전한 곳으로 갔다. 새벽에 뒤따르던 애굽의 추격대는 수장 당하고 말았다.(출 14:24 ~27)기도하는 민족에게 희망이 있다. 힘으로 할 수 없을 때 하나님께서 역사하신다.

추수감사절의 의의

출애굽기 23:14-19

1. 추수감사절 예배

- 하나님 아버지께 감사

출 23:17, 네 모든 남자는 매년 세 번씩 주 여호와께 보일지니라

여호와 하나님은 창조의 하나님이시다. 우리에게 모든 것을 주셨다. 하나님은 모든 창조물을 인간이 다스리고 정복하도록 특권을 주었다.

창 1:27-29, 하나님이 자기 형상 곧 하나님의 형상대로 사람을 창조하시되 남자와 여자를 창조하시고 하나님이 그들에게 복을 주시며 하나님이 그들에게 이르시되 생육하고 번성하여 땅에 충만하라 땅을 정복하라 바다의 물고기와 하늘의 새와 땅에 움직이는 모든 생물을 다스리라 하시니라 하나님이 이르시되 내가 온 지면의 씨 맺는 모든 채소와 씨가진 열매 맺는 모든 나무를 너희에게 주노니 너희의 먹을거리가 되리라.

- 우리나라 대한민국에 감사

국민은 국가의 보호를 받고 안정된 삶을 누리며 살도록 모든 편의를 제공하는 국가에 감사해야 한다. 일제 36년 강점기를 겪었고, 한국전쟁의 아픔을 겪은 우리 민족은 더욱 국가의 소중함을 깨달아 감사를 해야 한다. 이스라엘 백성들은 애굽의 종살이 하던 것을 잊지 않으려고 초막절에는

일주일 동안 텐트를 쳐 놓고 체험 실험을 하며, 하나님께서 나라를 지켜주심을 감사하며 지낸다.

- 부모님께 감사

젊은 세대들은 부모님께 대한 감사보다 원망불평이 많다고 한다. 꾸지람만 해도 부모를 살해까지 하는 청소년 범죄자가 생겨났다. 나를 낳아주시고, 길러주시고 양육해 주신 부모가 있었기에 오늘 우리가 있는 것이다.

2. 어떻게 감사해야 할까?

- 마음으로 감사해야

시 136:1, 여호와께 감사하라 그는 선하시며 그 인자하심이 영원함이로다

시 136:24-26, 우리를 우리 대적에게서 건지신 이에게 감사하라 그 인자하심이 영원함이로다 모든 육체에게 먹을 것을 주신 이에게 감사하라 그 인자하심이 영원함이로다 하늘의 하나님께 감사하라 그 인자하심이 영원함이로다

예수님은 탄식하셨다.

마 15:8, 이 백성이 입술로는 나를 공경하되 마음은 내게서 멀도다

하나님은 외모를 취하지 않고 중심을 보신다고 하셨다.(삼상 16:7)

- 입으로 감사해야

입으로 감사하는 것은 시인하는 행위이다.

롬 10:10, 사람이 마음으로 믿어 의에 이르고 입으로 시인하여 구원에 이르느니라

히 13:15, 우리는 예수로 말미암아 항상 찬송의 제사를 하나님께 드리자 이는 그 이름을 증언하는 입술의 열매니라

입으로 감사를 표현하는 것을 잊지 말자.(엡 5:19, 골 3:16)

- 재물(물질)로 감사해야

시 50:23, 감사로 제사를 드리는 자가 나를 영화롭게 하나니 그 행위를 옳게 하는 자에게 내가 하나님의 구원을 보이리라

제사에는 반드시 희생제물 물질이 있어야 하였다.

마 6:21, 네 보물 있는 그 곳에는 네 마음도 있느니라

물질은 마음의 정성된 표현이다.

출 23:15, 빈손으로 내 앞에 나오지 말지니라

하나님은 독생자 예수님을 대속의 제물로 주셔서 예수 믿으며 구원 받고 하나님의 자녀로 삼아주시고, 영생복락 천국에서 누리도록 복을 주셨다. 하나님은 인간의 생사화복, 국가의 흥망성쇠를 주관하신다. 그러므로 하나님 아버지께 감사드림은 마땅한 일이다.

화목제를 드려라
레위기 3:1-17

1. 구약시대의 5대 제사 제도

번제(燔祭. The Burnt offering) - 히브리어로는 아라, 올라간다는 뜻이다. 불이 올라가고, 연기가 올라가고 향기가 올라간다. 이는 예수그리스도의 십자가의 죽으심과 부활 승천을 의미한다.

이때, 제물로는 소, 양, 비둘기였다. 여기에서 어떤 제물을 드리느냐는 자기의 경제적 형편과 능력에 따라 드리면 되었다.(레 1:1-17)

소제(素祭, Meal offering) - 히브리어로는 민하, 하나님께 드리는 선물이란 뜻이다. 소제는 곡물 고운가루로 드리는 피 없는 제사이다.

소제는 감사의 제사이다. 소제에는 4가지 요소가 필요하였다.

고운가루, 기름, 유향, 소금이다.(레 2:1-16)

화목제(和睦祭, The Peace offering) - 히브리어로는 계바크 쉬라빔, 화해, 조정한다는 뜻이다.

속죄제(贖罪祭. The Sin offering) - 자신의 죄를 사함받기 위하여 드리는 제사이다.(레 4:1-35) 속죄제는 제사장, 회중, 족장, 평민 모두가 죄 사함을 받아야 하는 제사 제도이다.(레 4:1-35)

속건제(贖愆祭, The Tresp ass offering) - 고의적으로 또는 무지하여 지은 죄를 속죄받기 위해 드리는 제사이다.(레 5:1-19)

2. 화목제(和睦祭. The Peace offering)를 드려라(레 3:1-17)

화목제는 매우 중요한 제사 제도이다. 화목제는 화해하는 제사, 조정하는 제사이다. 예수 그리스도는 화목케 하는 제물이셨다. 예수님은 십자가에서 화목을 위한 희생의 제물이 되셨다.

> 롬 5:8, 우리가 아직 죄인 되었을 때에 그리스도께서 우리를 위하여 죽으심으로 하나님께서 우리에게 대한 자기의 사랑을 확증하셨느니라

- 하나님과의 화목을 위해 드리는 제사

> 레 3:1-4, 사람이 만일 화목제의 희생을 예물로 드리되 소로 드리려거든 수컷이나 암컷이나 흠 없는 것으로 여호와께 드릴지니

하나님께 짐승을 잡아 그 피를 드렸다.

> 히 9:22, 피 흘림이 없은즉 사함이 없느니라

하나님께 내장을 태워드렸다. 내장은 우리의 마음 중심을 드려야 함을 의미한다. 하나님은 먼저 우리의 심령을 온전히 기쁘게 받으시기를 원하시다. 예수님은 수직적으로 하나님과 화목케 하는 일을 십자가에서 이루어 주셨다.

> 롬 5:10, 우리가 원수 되었을 때에 그 아들의 죽으심으로 말미암아 하나님으로 더불어 화목되었은즉 화목된 자로서는 더욱 그의 살으심을 인하여 구원을 얻을 것이니라

- 제사장과의 화목을 위하는 제사

> 레 7:32-34, 내가 이스라엘 자손의 화목제 중에서 그 흔든 가슴과 든 뒷다리를 취하여 제사장 아론과 그 자손에게 주었나니 이는 이스라엘 자손에게 받을 영원한 소득이니라

화목제물 중에서 가슴부위와 뒷다리부위를 제사장에게 주어서 제물 드리는 자와 제사장과의 화목을 도모하게 한다. 가슴은 사랑을 의미하고 오른쪽 다리는 강한 힘을 상징한다.

제사장은 하나님의 대리자로서 따뜻한 사랑과 강한 힘으로 제물을 드리는 사람과 화목하라는 것이다. 제사장과의 화목은 하나님과의 화목 다음으로 중요한 것이다. 하나님은 축복권을 제사장에게 주었다.

그렇다면 오늘날 목사와 성도 간에 화목하여야 한다. 성도는 목사를 잘 섬길 때 화목이 유지되고, 목사가 축복기도를 해주므로 성도가 복을 받게 되는 것이다.

만일, 목사와 불화하면 교회는 부흥이 정지되고, 성도의 가정이나 사업에 문제가 생기게 된다. 그래서 화목제사는 중요하다.

- 제물을 드리는 자신과 이웃과의 화목

> 레 7:15, 감사함으로 드리는 화목제 희생의 고기는 드리는 그 날에 먹을 것이요 조금이라도 이튿날 아침까지 두지 말 것이니라

화목제 물고기는 피와 내장은 하나님께 드리고 가슴부위와 오른쪽 뒷다리는 제사장께 드리고 나머지 고기는 자신과 제사 지내러온 회중이 함께 모여 다 같이 잔치를 하였고 즐겁게 먹었다.

그래서 화목제에 쓰이는 제물은 소, 양, 염소만 사용한다. 비둘기는 화목제물로 사용하지 않는다. 그 이유는 드려진 제물이 너무 작아서 나누어 먹을 수 없기 때문이다.

예수님은 수평적으로 사람과 사람을 화목케 하시려고 십자가에서 양팔을 벌리시고 희생의 제물이 되셨다. 에덴동산에서 아담과 하와가 따먹지 말라

하는 선악과를 따먹음으로(창 3:6-7) 하나님과 원수가 되었다. 번제단에 화목제물을 드려 제사를 드림으로 하나님과 화목되고, 사람과 화평이 이루어지게 된 것이다.

예수님은 십자가에서 희생의 제물, 화목의 제물이 되셔서 하나님과 화목, 사람과의 화목을 이루신 것이다.

> 엡 2:13-18, 이제는 전에 멀리 있던 너희가 그리스도 예수 안에서 그리스도의 피로 가까워졌느니라 그는 우리의 화평이신지라 둘로 하나를 만드사 원수 된 것 곧 중간에 막힌 담을 자기 육체로 허시고 법조문으로 된 계명의 율법을 폐하셨으니 이는 이 둘로 자기 안에서 한 새 사람을 지어 화평하게 하시고 또 십자가로 이 둘을 한 몸으로 하나님과 화목하게 하려 하심이라 원수 된 것을 십자가로 소멸하시고 또 오셔서 먼 데 있는 너희에게 평안을 전하시고 가까운 데 있는 자들에게 평안을 전하셨으니 이는 그로 말미암아 우리 둘이 한 성령 안에서 아버지께 나아감을 얻게 하려 하심이라

네 부모를 공경하라

신명기 5:16

1. 효도하라는 말씀은 하나님의 명령이요 계명

하나님의 명령이요 하나님의 계명인 효도하는 일은 우리 인류가 지켜야 하는 의무이다. 명령은 어겨서는 안 되는 것이요 어길 수도 없다. 계명은 하나님이 친히 인간답게 살도록 누구나 지켜야 할 법령이다.

> 신 5 18, 너는 너의 하나님 여호와의 행한 대로 네 부모를 공경하라 그리하면 너의 하나님 여호와가 네게 준 땅에서 네가 생명이 길고 복을 누리리라

> 출 20:12, 제 오는 네 부모를 공경하라 그리하면 너의 하나님 여호와가 네게 준 땅에서 네 생명이 길리라

> 레 19:3, 너희 각 사람은 부모를 경외하고 나의 안식일을 지키라 나는 너희 하나님 여호와이니라

> 엡 6:1-3, 자녀들아 너희 부모를 주 안에서 순종하라 이것이 옳으니라 네 아버지와 어머니를 공경하라 이것은 약속 있는 첫 계명이니 이는 네가 잘 되고 땅에서 장수하리라

> 골 3:20, 자녀들아 모든 일에 부모에게 순종하라 이는 주 안에서 기쁘게 하는 것이니라

우리나라는 민주주의 나라요 자유가 보장된 나라이다. 임금이 정치하는 나라가 아니다. 국민이 주인이요, 대통령도 국민이 투표하여 세운다.

그러나 대통령의 한 마디 명령은 곧 실천되어진다. 목포공단에 시찰가서 시

찰하던 중 전봇대로 인해 민원이 발생하였으나 해결보지 못한 것을 대통령의 말 한 마디에 실행되어졌다. 하나님의 명령은 대통령의 명령보다 더 권위가 있다.

> 신 21:18-21, 사람에게 완악하고 패역한 아들이 있어 그 아비의 말이나 그 어미의 말을 순종하지 아니하고 부모가 징책하여도 듣지 아니하거든 그 부모가 그를 잡아 갖고 성문에 이르러 그 성읍 장로들에게 나아가서 그 성읍 장로들에게 말하기를 우리의 이 자식은 완악하고 패역하여 우리 말을 순종치 아니하고 방탕하며 술에 감긴 자라 하거든 그 성읍의 모든 사람들이 그를 들로 쳐죽일지니 이같이 네가 너의 중에 악을 제하라 그리하면 온 이스라엘이 듣고 두려워하리라

2. 효도하는 방법은?

부모님의 말씀을 잘 듣고 부모님께 순종하는 것이다.
부모님의 뜻을 잘 받들어 일상생활에서 정성껏 실천하는 것이다.
부모님의 마음을 아프게 하거나 근심걱정을 끼치면 안 된다.
예절 바르고 형제간에 우애가 있어야 한다.
우리 몸은 하나님께서 부모를 통하여 주신 것이므로 죄짓는 일에 가담하지 않아야 한다.
어디에 갈 때나 돌아와서는 부모님께 인사를 드려야 한다.
자신의 일에 최선을 다하고 성실하여야 한다.
부모님이 불의한 일이나 불합리한 일을 하는 경우 정중히 간청하여 부모님이 죄를 짓지 않도록 해야 한다.
부모님이 하시는 일에 더 정성껏 받들어 희망과 용기를 갖고 일하시도록 격려와 칭찬을 해 드려야 한다.
이웃 사람들에게 존경받는 명문가문이 되도록 받들어 드려야 한다.

효도해야 할 교훈이다.

태공이 말하였다. 자신이 어버이에게 효도하면 자식이 또한 나에게 효도한다. 자신이 어버이에게 효도하지 않는다면 자식이 어찌 나에게 효도하겠는가. 효도하고 순종하는 자는 효도하고 순종하는 자식을 낳고 오역하는 자는 오역하는 자식을 낳나니 믿어지지 않거든 오직 처마 끝의 물을 보라 처마 끝에 떨어지는 물방울은 어기고 옮기는 일이 없느니라.

3. 최고 최상의 효도는 부모님이 예수 믿도록 하는 것

부모에게 전도하자. 부모님이 먼저 예수 믿고 아들을 예수 믿게 하는 것이 순서이다. 그러나 우리나라는 전통적인 습관과 관습 때문에 어른들이 예수 믿기 어려운 환경이었다. 더욱 맏아들이면 제사지내는 유교와 불교적 사상 때문에 기독교를 배척하려고 한다.

만약, 자녀들인 여러분이 신앙인이고, 부모가 아직 예수 믿지 않고 계신다면 최고 최상의 효도하는 길이 있다. 그것은 부모님께 전도하여 예수 믿고, 영혼 구원 얻어 천국백성 되게 하는 일이다.

5월 4일 서해안 죽도 방파제에서 22명이 4m~5m 높이의 파도에 목숨을 잃었다. 순식간에 되어 진 일이다. 그렇게 죽으면 회개할 기회도 없고 예수를 믿을 시간도 없다. 부모가 죽기 전에, 나이가 더 많아지기 전에 예수님을 믿게 하자.

4. 부모에게 효도하면 하나님께서 큰 복을 주신다.

- 잘 되게 하신다. 요셉은 부모에게 효도하여 애굽에서 총리가 되었고, 형님들, 가족을 다 보살펴 주었다. 그리고 자기의 아들 두 명의 후손까지 가

나안 땅 기업을 상속받았다.

- 장수의 축복을 받게 하셨다. 이삭은 아버지 아브라함에게 절대 순종하였는데 족장 중 장수하여 180세를 향수하였다.(창 35:28)

- 예수님은 부모에게 효성을 다 하셨고 인류의 구세주가 되셨다.
  눅 2:51, 예수께서 한 가지로 내려 가사 나사렛에 이르러 순종하여 받드시더라

효행자 한백유 라는 사람은 어머니가 매우 엄격하여 잘못하였을 때 종아리를 맞았다. 어느 날, 어머니로부터 종아리를 맞으며 슬피 우는 것이었다. 어머니가 "매를 맞으며 왜 우느냐?" 물었더니 함백유는 말하기를,
"전에는 어머니의 매를 맞으면 종아리가 아팠는데 오늘은 아프지 않으니 어머님이 근력이 없어진 것 같아 슬퍼서 웁니다."
이 얼마나 효심의 말인가.

맥추절을 지켜라

신명기 16:9-12

1. 맥추절 절기는 십계명과 함께 꼭 지켜야 할 하나님의 명령이다

이스라엘 백성들이 출애굽하여 시내산에 진을 쳤다. 모세는 하나님의 부르심을 받들어 시내 산에 올라가 40주야 기도하며 십계명을 받들었다.(출 20:1-17) 이어서 세 가지 절기를 지킬 것을 명령받았다.

> 출 23:14-17, 너는 매년 세 번 내게 절기를 지킬지니라 너는 무교병의 절기를 지키라 내가 네게 명령한 대로 아빕월의 정한 때에 이레 동안 무교병을 먹을지니 이는 그 달에 네가 애굽에서 나왔음이라 빈 손으로 내 앞에 나오지 말지니라 맥추절을 지키라 이는 네가 수고하여 밭에 뿌린 것의 첫 열매를 거둠이니라 수장절을 지키라 이는 네가 수고하여 이룬 것을 연말에 밭에서부터 거두어 저장함이니라 네 모든 남자는 매년 세 번씩 주 여호와께 보일지니라

출 34:1-28에도 거듭 세 가지 절기를 지킬 것을 명령하셨다.

> 출 34:27, 여호와께서 모세에게 이르시되 너는 이 말들을 기록하라 내가 이 말들의 뜻대로 너와 이스라엘과 언약을 세웠음이니라 하시니라

하나님은 언약까지 세웠다고 하셨다.

> 출 34:28, 모세가 여호와와 함께 사십 일 사십 야를 거기 있으면서 떡도 먹지 아니하였고 물도 마시지 아니하였으며 여호와께서는 언약의 말씀 곧 십계명을 그 판들에 기록하셨더라

십계명을 받은 그 날이 바로 맥추절이다. 구약 이스라엘 백성들이 하나님의 헌법을 받은 날이 맥추절이니 얼마나 중대한 날임을 알 수 있다. 신약에

서는 예수님께서 부활하시고 40일 만에 승천하셨다.(행 1:3)
제자들은 주님의 명령에 따라 예루살렘 마가 다락방에 모여 120문도가 열심히 기도하던 중 오순절이 되는 날 성령 충만을 받았다.

> 행 2:1-4, 오순절 날이 이르매 그들이 다 같이 한 곳에 모였더니 홀연히 하늘로부터 급하고 강한 바람 같은 소리가 있어 그들이 앉은 온 집에 가득하며 마치 불의 혀처럼 갈라지는 것들이 그들에게 보여 각 사람 위에 하나씩 임하여 있더니 그들이 다 성령의 충만함을 받고

신약교회가 세워졌다. 맥추절은 신약교회가 성령 충만함을 받아 세워진 생일이라 할 수 있다. 그러므로 꼭 지켜야 할 절기에 지키는 자에게 하나님께서 축복해 주신다.

2. 맥추절을 지키는 방법

① 감사하면서 지켜야 한다.
구약시대나, 신약시대나, 현대나, 미래에도 맥추절을 지킬 때에는 하나님의 은혜를 감사하며 지켜야 한다. 하나님의 백성 된 것에 감사하자. 일반은총 주심을 감사하자. 특별은총을 주심을 감사하자.
우리 주변에 뜻하지 않는 돌발사건들이 무섭게 일어났다. 우리 자신도 언제 어느 때 돌발사고가 날는지 알 수 없다. 현재 나 자신이 건재한 것은 하나님의 보호하심인줄 믿으시기 바란다. 자녀를. 교회를, 우리나라를 지켜 주심에 크게 감사하자. 하나님, 감사합니다!

② 예물을 드리는 절기로 지켜야 한다.

> 출 23:15- '너는 무교병의 절기를 지키라 내가 네게 명령한 대로 아빕월의 정한 때에 이레 동안 무교병을 먹을찌니. 이는 그 달에 네가 애

굽에서 나왔음이라 빈 손으로 내 앞에 나오지 말지나라 예물을 드릴 때 -

하나님께서 주신 복을 따라, 힘대로 정성껏 바쳐야 한다.(고후 9: 5-6)
인색함이나 억지로 하지 말자.(고후 9:7)
하나님께서 100배의 축복을 주실 것을 믿음으로 드린다.(창 26:12)

우리는 전도와 헌신하는 마음으로 맥추절 주일을 지킬 것을 권한다. 구약 시대나 신약시대나 맥추절은 이웃과 가난한 자와 함께 기름을 나누고, 식물을 나누며, 화목하게 지켰다. 그것은 하나님의 백성에게 전도와 헌신이 이런 때 충만하게 이루어지기 때문이다.
맥추절을 바로 지켜 축복받는 손길 되시기를 축원 드린다.

중보기도 사역은 기적을 창조

여호수아 10:5-15

여호수아의 중보기도는 아모리 5개 연합국을 이기고 승리하게 하였다.

I. 중보기도 사역은 기적을 창조

① 하나님의 말씀을 전적으로 믿고, 순종하였다.
기브온 족속들이 화친을 요청하자 언약을 맺고 맹세하였다.(수 9:15) 이에 아모리 5개국 연합국이 군대를 동원하여 기브온을 침략하자 기브온 사람들이 여호수아에게 원군을 요청하였다. 이때, 하나님은 여호수아에게 "그들을 두려워하지 말라 내가 그들을 네 손에 넘겨 주었으니 그들 중에서 한 사람도 너를 당할 자 없으리라."(수 10:8) 하셨다.

② 하나님께서 우박을 내려 적군을 죽게 하였다.
여호수아는 하나님의 말씀을 믿고 군대를 동원 아모리 5개 연합군이 진을 치고 있는 전쟁터에 밤을 새워 올라갔다.(수 10:9) 하나님은 큰 우박 덩이를 내려 적군이 칼에 죽은 자보다 더 많았다.(수 10:11)

③ 여호수아 승리를 위한 중보기도를 하였다.
아모리 5개국 연합 패잔병이 도망을 간다. 날이 어두워지면 적군을 완전 소

탕 할 수 없게 된다. 이때 여호수아가 기도하였다.

 수 10:12, 태양아 너는 기브온 위에 머무르라 달아 너도 아얄론 골짜기에서 그리할지어다

④ 태양이 머물고 달이 멈추는 기적이 나타났다.

 수 10:13, 태양이 머물고 달이 멈추기를 백성이 그 대적에게 원수를 갚도록 하였느니라

대승리를 거두고 본진으로 돌아왔다. 이 기적을 야살의 책에 기록해두었다. 이스라엘의 주요 영웅들의 업적을 기리고 찬양하는 여호와의 전쟁의 기록집이다. 여호수아의 중보기도는 기적을 창조한 것이다.

2. 성경에는 중보기도가 큰 기적을 창조함을 증거

① 아브라함의 중보기도로 롯이 구원 받았다

 창 18:16-33, 아브라함이 의인 오십 명, 사십명, 삼십 명. 이십 명 십 명을 찾으시면 어찌하려 하시나이까 이르시되 십 명으로 말미암아 멸하지 아니하리라 여호와께서 아브라함과 말씀을 마치시고 즉시 가시니 아브라함도 자기 곳으로 돌아갔더라

 창 19:28-29, 소돔과 고모라와 그 온 지역을 향하여 눈을 들어 연기가 옹기가마의 연기 같이 솟음을 보았더라. 하나님이 그 지역 성을 멸하실 때 곧 롯이 거주하는 성을 엎으실 때에 아브라함을 생각하사 롯을 그 엎으시는 중에서 내보내셨더라

소돔과 고모라성이 유황불로 멸망당할 때 아브라함의 조카 롯이 구출 받은 것은 아브라함의 중보기도가 있었기 때문이다.

나의 중보기도는 가족 중 지옥에 멸망 받을 영혼이 예수 믿고 구원 받는 기

적을 창조할 수 있다. 중보기도는 가족구원의 기적을 창조한다.

② 모세의 중보 기도는 홍해를 육지처럼 갈라지게 하였다.(출 14:1-31)
애굽의 요셉 총리의 선정으로 인해 그의 형제와 야곱 가족 75명이 애굽 고센 땅에 정착한 후(창 47:1), 430년이 지난 때 모세의 인도로 출애굽을 하게 된다.(출 12:40-41) 낮에는 구름 기둥으로 밤에는 불기둥으로 인도하셨다.(출 13:21-22) 그들은 홍해에 도달하였다. 애굽의 바로 왕은 노예로 부려먹든 이스라엘 백성을 다시 사로잡으러 군대를 출동시켰다. 이때 백성들이 아우성을 쳤다. 그들의 원망의 소리에 모세는 하나님께 중보기도를 하였다.

> 출 14:13-14, 모세가 백성에게 이르되 너희는 두려워하지 말고 여호와께서 오늘 너희를 위하여 행하시는 구원을 보라 여호와께서 너희를 위하여 싸우시리니 너는 가만히 있을 지니라

여호와께서 모세에게 말씀하셨다.

> 16절, 지팡이를 들고 손을 바다 위로 내밀어 그것이 갈라지게 하라 이스라엘 자손이 바다 가운데서 마른 땅으로 행하리라

그들이 하나님의 말씀을 믿고 순종하였더니 홍해 바다가 갈라지고 이스라엘 민족은 육지 같이 건넜다. 뒤따라 추격 해온 애굽 마병 말들은 다 홍해 바다에 수장되었다.

③ 에스더의 중보기도
이스라엘 백성 모르드개와 에스더 왕후는 "죽으면 죽으리이다."(에 4:16) 하고 삼 일간 금식하고 바사 왕 아하수에로에게 나아가 동족의 죽게 됨을 지혜로운 방법으로 아말렉 후손 하만 대신의 흉계를 알리고, 유대 민족을 살렸다. 이에, 부림절이라는 절기가 생겼다.(에 9:28-32)

3. 중보기도 사역에 동참하자! 중보기도 사역은 기적을 창조한다

중보기도 사역이란? 하나님과 멀어진 사람, 하나님을 떠난 사람들을 위하여 하나님과 가까이 있으면서 그들을 대신하여 하나님께 나아가 기도하는 자의 일을 말한다.

에스더 왕후처럼 왕과 백성 사이에서 백성의 소원을 알려주어 왕의 긍휼을 입도록 하는 역할이다. 예수님은 우리의 중보사역자이시다. 하나님과 죄인인 우리 인생을 구원하시려고 십자가에서 피를 흘려 우리 죄를 사하여 주셨고 예수님은 우리의 중보자 대제사장이 되신 것이다.

> 히 9:14-15, 흠 없는 자기를 하나님께 드린 그리스도의 피가 어찌 너희 양심을 죽은 행실에서 깨끗하게 하고 살아 계신 하나님을 섬기게 하지 못하겠느냐 이로 말미암아 그는 새 언약의 중보자시니 이는 첫 언약의 때에 범한 죄에서 속량하려고 죽으사 부르심을 입은 자로 하여금 영원한 기업의 약속을 얻게 하려 하심이라

대제사장 되신 예수님이 우리의 중보자이심과 같이 예수 믿는 우리 성도들이 불신자들의 중보자 역할을 하여 주님께로 인도하여야 한다. 기도하여야 한다. 전도 하여야 한다. 이 귀한 중보사역에 전교인 모두가 동참하자.

기드온의 삼백 명 용사처럼

사사기 7:1-8

1. 두려움이 없어야 한다

이스라엘 사사시대 때 미디안 연합(삿 7:12, 미디안과 아말렉과 동방사람) 군사들이 메뚜기 같이 길르앗 산에 주둔하고 있었다. 하나님의 부르심을 받아 민족 구원을 위해 소명 받은 기드온은 군사를 모집하였다.

> 삿 7:3 - 누구든지 두려워서 떠는 자여든 길르앗 산에서 떠나 돌아가라 하라 하시니 이에 돌아간 자가 이만 이천 명이요 남은 자가 일만 명이었더라 하나님께서 또 기드온에게 아직도 수효가 많으니 그들을 인도하여 물가로 내려가라

구보로 물가로 인도한 후 물을 마시게 하였다. 이스라엘 나라는 무더운 날씨가 계속되는 나라이다. 우리나라 여름과 같다.

물가에 당도한 군인들에게 물을 마시게 하였는데 물 먹는 모습이 다양하였다.

- 무릎을 꿇고 물을 마시는 자,
- 머리를 쳐 박고 마시는 자.
- 손으로 움켜 입에 대고 사방을 살피며 먹는 자 삼백 명이 있었다.(삿 7:4-8)

하나님은 지극히 적은 숫자 군인 삼백 명으로 미디안 연합군을 맞아 싸우게 하심으로서 그들로 하여금 하나님만 전적으로 의지하도록 하셨다.

2. 하나님을 전폭적으로 의지하다

기드온이 자기 아버지와 주민들이 섬기는 바알신과 아세라신 등 우상을 훼파하고 하나님께 번제단을 쌓았던 일을 기억하자.(삿 6:25-27)

그는 자신이 소명 받을 때 하나님이 함께 하실 것인지 표징을 두 번이나 구하기도 한 일이 있다. 그에게는 하나님께 구하는 그대로 된 신앙체험이 있었다.(삿 6:36-40)

하나님은 기드온에게 "적진을 치라, 미디안 사람을 네 손에 붙이리라"고 말씀하셨다.(삿 7:9) 하나님은 기드온에게 적진을 탐지하라 하셨다.

삿 7:13을 보니 한 막사에 군사 한 명이 꿈 이야기를 하는 것을 듣게 된다. 내용인즉 "꿈에 보리떡 한 덩이가 미디안 진으로 굴러 들어와서 한 장막을 무너뜨리니 곧 장막이 쓰러지더라"는 것이다.

그리고 해몽하기를 삿 7:14, 이는 다른 것이 아니라 이스라엘의 대장 기드온의 칼이 하나님이 미디안과 그 모든 군대를 그의 손에 붙이신 것이라

보리떡은 가난한 사람들의 양식으로 비천함을 상징한다.

기드온은 비천한 출신이다. 기드온은 밀을 타작하던 농부출신이다. 하나님은 농부출신 기드온을 들어 대장군 삼으시고 미디안 연합군을 격파하는 승리자 되게 하시는 것이다.(삿 6:11)

왜 그런 축복을 주셨을까? 기드온의 믿음을 보신 것이다. 하나님은 믿음을 기뻐하신다.(히 11:6) 하나님을 믿는 자에게는 두려움도 제거해 주신다.시 33:16, 많은 군대로 구원 얻은 왕이 없나니

> 삼상 14:6, 여호와의 구원은 사람의 많고 적음에 달리지 아니하였느니라

여호와는 전쟁에 능하신 하나님이시다.(시 24:8)

3. 지도자의 명령에 순종하여야 한다

기드온은 미디안 군졸들의 꿈과 해몽하는 말을 듣고 본진으로 돌아왔다. 그리고 하나님께서 주신 지혜로 상상도 못할 방법을 전개하였다. 그것은 횃불 작전이다.

삼백 명 군사를 세대로 나누었다.(삿 7:16) 항아리 속에 횃불을 감추고 나팔을 준비하였다. 신호 소리와 함께 항아리를 깨트리고 횃불을 흔들고 나팔을 우렁차게 부르며 "여호와와 기드온의 칼이여" 함성을 부르짖게 하였다.

미디안 군사들의 보초 교대하는 밤 시간에 신호가 있게 되었다. 기드온의 군대 세 곳에서 나팔을 부니 천군만마의 대공격을 알리는 듯하고 항아리를 깨뜨리니 고요한 밤 산골짜기에 요란한 폭음은 천지를 진동하고 횃불을 흔들어대니 수천수만의 군대가 쳐들어가는 것으로 보여졌다.
이어서 여호와와 기드온의 칼이여! 부르짖는 우렁찬 함성은 뇌성 벼락 치는 듯 하였다.
삼백 명 군사는 하나 같이 지도자의 말에 순종하였다. 그때까지 잠자던 미디안의 군사들은 혼비백산 자기 군사끼리 칼날로 치고 자멸하고 말았다.

자기 생명같이 사랑하다

사무엘상 18:1~4, 19:1~7

1. 좋은 일이 있으면 시기, 질투, 나쁜 일도 있다

예수를 잘 믿으면 반드시 복을 받고 잘 된다. 그러나 시기, 질투, 비난, 박해, 사탄의 방해로 나쁜 일도 생긴다는 것을 잊지 말아야 한다. 견디기 힘들 정도의 시험과 환란도 있게 마련이다.

다윗은 목동 출신이다. 하나님께서 다윗을 만나매 "내 마음에 합한 자라 내 뜻을 다 이루리라."(행 13:22)고 하셨다.

- 블레셋 나라와 전쟁 때 적장 거인 골리앗 장군을 물매로 이겼다.

  삼상 17:45, 너는 칼과 창과 단창으로 내게 오거니와 나는 만군의 여호와의 이름 곧 네가 모욕하는 이스라엘 군대의 하나님의 이름으로 네게 가노라

  49절, 손을 주머니에 넣어 돌을 취하여 물매로 던져 블레셋 사람의 이마를 치매 돌이 그 이마에 박히니 땅에 엎드러지니라.

- 사울 왕은 다윗을 군대의 장을 삼았고 측근에 두었다. 사울이 악신에 걸려 발작할 때는 수금을 타서 악신을 떠나게도 하였다.

- 다윗은 공로를 세워 사울의 딸 미갈에게 장가들어 부마까지 되었다. 그러나 골리앗을 이기고 난 후에, 민심이 다윗에게로 쏠렸다. 이때부터 사울왕은 다윗을 죽이기로 결심하였다.

> 삼상 18.7, 여인들이 뛰놀며 창화하여 가로되 사울의 죽인 자는 천천이요 다윗은 만만 이로다.

수금을 탈 때 창을 던져 죽이려고 두 번이나 시도하였다.(삼상 18:11) 블레셋 군대를 물리치면 부마를 삼겠다고 속이고 전쟁터로 내보냈다. (삼상 18.27)

미갈의 방에 있는 다윗을 침상채 동여매여 오도록 했으나 우상을 대신 두고 도망친 일도 있다.(삼상 19:13)

사울은 신하와 그 아들 요나단에게까지 다윗을 죽이라고 계엄선포를 하였다.(삼상 19:1)

2. 요나단은 다윗을 자기 생명 같이 사랑하였다

요나단은 후일에, 아버지의 뒤를 이어 왕이 될 사람이었다. 그래서 사울은 다윗을 죽이려고 혈안이 되었고 공개적으로 다윗을 체포하여 죽일 것을 명령하였다. 그러나 요나단은 다윗을 자기 생명같이 사랑한다.

> 삼상 18:1, 요나단의 마음이 다윗의 마음과 연락 되어 다윗을 자기 생명 같이 사랑하니라

요나단은 다윗을 자기 생명 같이 사랑하여 더불어 언약을 맺었다. 서로의 우정을 변치 말자고.(삼상 18:3)

요나단은 자기가 입었던 겉옷을 다윗에게 주었고 군복과 칼과 활과 띠도 주었다.(삼상 18:4)

부왕 사울이 다윗을 죽이라 명령하였음에도 다윗을 심히 기뻐하므로 은밀한 곳에 숨겨주는 일도 하였다.(삼상 19:1)

요나단이 다윗을 자기 생명 같이 사랑하였듯이 우리는 주님을 사랑하자.

3. 마음으로 사랑하자

아 3:2, 이에 내가 일어나서 성 안으로 돌아다니며 마음에 사랑하는 자를 거리에 서니 큰길에서나 찾으리라 하고 찾으나 만나지 못하였구나

술람미 여인은 솔로몬 왕을 마음으로 사랑하여 행동으로 찾아 길거리를 헤매며 다녔다.

예수님은 이스라엘 민족을 향해 책망하셨다.

마 15:8, 이 백성이 입술로는 나를 존경하되 마음은 내게서 멀도다

눅 10:27, 네 마음을 다하여 목숨을 다하며 힘을 다하며 뜻을 다하여 주 너의 하나님을 사랑하고

주께서 우리게 명하시니 그 명령 따라서 살아가리라. 아멘.

4. 말로 사랑하자

말은 매우 중요한 요소이다. 요나단은 다윗을 사랑하여 아버지 사울의 핍박을 알고 다윗에게 '숨어 있어' 라고 말하였다.

삼상 19:2, 그가 다윗에게 고하여 가로되 내 부친 사울이 너를 죽이기를 꾀하시느니라 그러므로 이제 청하노니 아침에 조심하여 은밀한 곳에 숨어 있으라

약 3:2-3, 우리가 다 실수가 많으니 만일 말에 실수가 없는 자면 곧 온전한 사람이라 능히 몸도 굴레 씌우리라 우리가 말을 순종케 하려고 그 입에 재갈을 먹여 온 몸을 어거하며

롬 10:9-10, 네가 만일 네 입으로 예수를 주로 시인하며 또 하나님께서 그를 죽은 자 가운데서 살리신 것을 네가 마음에 믿으면 구원을 얻으리니 사람이 마음으로 믿어 의에 이르고 입으로 시인하여 구원에 이르느니라. 아멘

탈레반에 억류되었다가 약 50일 만에 돌아온 샘물교회 봉사탄들, 총으로

위협하며 기독교를 버리고 모하멧을 섬기고 알라신을 믿으라고 강요하였으나 한 사람도 응하지 않고 승리하였다고 한다.

예수님을 사랑한다는 것을 말로 고백하자. '나는 예수님을 내 생명보다 더 사랑한다.' 라고

5. 행동으로 사랑하자

요나단은 자기의 갑옷, 칼, 활, 군장들을 다윗에게 조건 없이 주었다. (삼상 18:4)

요나단은 부친 사울왕의 명령을 어기고 다윗을 숨겨주었다.(삼상 19:2)

요나단은 다윗을 포장하여 감싸주었다.

> 삼상 19:4, 요나단이 그 아비 사울에게 다윗을 칭찬하여 가로되 원컨대 왕은 신하 다윗에게 범죄치 마옵소서

포장하여: 칭찬하여, 두둔하여 란 뜻이다.

성도는 생명 걸고 예수님을 사랑하여야 한다. 성도는 생명 걸고 예수님을 중거하여야 한다. 예수는 나의 구주이심을 말로 알려야 한다. 성도는 예수님을 생명 걸고 전해야 한다.

충성한 세 용사처럼

사무엘하 23:13-17

1. 다윗의 왕국의 건설과 인재의 필요

다윗과 그의 장수들은 블레셋 군인들과 대전하고 있었다. 무더운 날씨에 여러 날 전투를 거듭하다 보니 그들 모두가 피곤하고 갈증이 심하게 느껴졌다. 그때, 다윗이 혼잣소리로 중얼대었다.

> 삼하 23:14-15, 그 때에 다윗은 산성에 있고 블레셋 사람의 요새는 베들레헴에 있는지라 다윗이 소원하여 이르되 베들레헴 성문 곁 우물 물을 누가 내게 마시게 할까

치열한 전투 중에 고향에 대한 향수로 인해 육체와 정신이 피곤에 젖어들자 시원하고 깨끗한 고향의, 베들레헴의 냉수가 생각났던 것이다.

이 말을 들은 세 용사가 있었다. 그들에게는 다녀오라는 명령도 없었다. 그런데 세 용사는 서로 눈짓으로 교감을 하고 자원하여 우물물을 떠오기 위해 베들레헴으로 출발하였다.

자원하여 충성하면 하나님께서 기뻐하신다.

> 롬 11:34-35, 누가 주의 마음을 알았느냐 누가 그의 모사가 되었느냐 누가 주께 먼저 드려서 갚으심을 받겠느냐

주께 먼저 드리면 더 많은 것으로 축복을 받는다는 말씀이다.

2. 세 용사가 협력과 임무 수행

> 삼하 23:16, 충돌하고 지나가서

이에 해당하는 히브리어 · 바카는 가르다, 쪼개다 라는 뜻으로 세 용사는 서로 힘을 합하여 베들레헴에 있는 블레셋 진영을 정면으로 꿰뚫고 나아갔다는 것이다.

세 용사는 용맹과 목숨을 건 충성심으로 함께 임무를 수행하였다.

> 전 4:12, 한 사람이면 패하겠거니와 두 사람이면 맞설 수 있나니 세 겹 줄은 쉽게 끊어지지 아니하느니라

세 용사가 생명을 걸고 물을 떠온 것은 다윗 왕을 위한 충성이었지만 궁극적으로 기름 부어 왕이 되도록 한 하나님을 위하여 충성이었던 것이다. 세 용사는 서로 공을 세우려고 다투지 않고 협력하고, 존대하고 힘을 모았던 것이다.

3. 생명 같은 물을 하나님께 드리다

다윗은 그렇게도 목 타고 애타게 사모했던 고향 베들레헴의 우물물을 받아들였다.

> 삼하 23:16-17, 다윗이 마시기를 기뻐하지 아니하고 그 물을 여호와께 부어 드리며 이르되 여호와여 내가 나를 위하여 결단코 이런 일을 하지 아니하리이다. 이는 목숨을 걸고 갔던 사람들의 피가 아니니이까 하고 마시기를 즐겨하지 아니 하니라

다윗은 부하들이 떠온 물을 부하들의 생명인 피라고 깨닫자 피, 생명과 같은 물을 자신이 마시지 않고 하나님께 전제물로 바쳐드렸다.

여기에 다윗의 위대함, 신앙심을 발견하며 교훈을 받을 수 있다.

- 인간의 생명은 헛되이 허비하면 안 된다. 모든 희생은 생명의 주인이신 하나님께 드려야 한다.
- 인간의 사악한 욕구 충족 때문에 고귀한 생명이 희생되어서는 안 된다는

교훈이다.

다윗의 왕국은 오늘에 하나님 나라를 이루기 위해 지상에 조직된 교회와 같다. 교회에는 많은 인재와 일꾼이 필요하다. 다양한 재능 달란트를 가진 자들을 필요로 한다.

> 사 6:8, 주의 목소리를 들으니 주께서 이르시되 내가 누구를 보내며 누가 우리를 위하여 갈꼬 하시니 그 때에 내가 이르되 내가 여기 있나이다 나를 보내소서

이사야는 "내가 누구를 보내며 누가 우리를 위하여 갈꼬"라는 하나님의 음성을 듣고, 자원하여 하나님의 사명을 수행하는 선지자가 되었다. 예수님께서도 말씀하셨다.

> 마 16:24, 누구든지 나를 따라오려거든 자기를 부인하고 자기 십자가를 지고 나를 따를 것이니라

끝까지 사명을 수행하자

열왕기상 13: 1-10

I. 사명자는 하나님의 말씀에 순종하는 자

이스라엘(유대) 나라는 우리나라와 유사한 부분이 많이 있다. 우리나라가 남북으로 분단 된 것 같이 이스라엘도 분단이 되어, 북쪽 이스라엘의 초대 왕은 여로보암이다. 남쪽 유다의 왕은 솔로몬 왕의 아들 르호보암이다. 남쪽 유다 왕국의 선지자가 하나님으로부터 사명을 받았다. 북쪽 이스라엘서 여로보암이 벧엘에 금송아지 우상을 만들어 놓고(왕상 12:28-29) 제사를 지내고 있는데 하나님의 뜻을 전하라는 것이었다.

> 왕상 13:2-3, 여호와께서 말씀하시기를 다윗의 집에 요시야라 이름하는 아들을 낳으리니 그가 네 위에 분향하는 산당 제사장을 네 위에서 제물로 바칠 것이요 또 사람의 뼈를 네 위에서 사르리라 하셨느니라 제단이 갈라지며 그 위에 있는 재가 쏟아지리라

저주의 내용이었다. 이 예언이 요시야 왕 때 성취되었다.(왕하 23:1-20) 하나님은 우상숭배를 가장 싫어하신다. 북한에서는 김일성의 금 동상을 세워 놓고 숭배한다.

> 출 20:4-5, 너를 위하여 새긴 우상을 만들지 말라 그것들에게 절하지 말며 그것들을 섬기지 말라 나 네 하나님 여호와는 질투하는 하나님인즉 나를 미워하는 자의 죄를 갚되 아버지로부터 아들에게로 삼사 대까지 이르게 하거니와

남쪽 유다의 무명의 선지자가 북쪽 이스라엘 왕이 제사지내는 것을 보고 저주를 하였으니 온전할 일이 없다. 여로보암 왕은 대노하여 손을 펴서 유

다의 선지자를 잡으라고 명령하였다.(왕상 13:4) 그런데 그 편 팔이 말라 거두지 못하게 되었고, 단은 갈라져 제사를 지내던 예식이 엉망이 되어 버렸다.(왕상 13:5) 그렇게 되자, 왕은 선지자에게, "네 하나님께 은혜를 구하여 내 손이 다시 성하게 기도하라"고 부탁을 한다. 선지자가 기도하여 다시 회복되었다.(왕상 13:6)

왕은 선지자를 왕의 집으로 함께 가서 대접하려고 하였다. 선지자는 하나님께서 "떡도 먹지 말며 물도 마시지 말고 왔던 길로 되돌아가지 말라."고 말씀을 하셔서 순종하여 다른 길로 떠났다.(왕상 13:7-10)

2. 사명자의 실수를 하나님은 용서하지 않으시다

벧엘에 한 늙은 선지자가 있었다. 유다로부터 온 젊은 사명자의 소식을 듣고 거짓말로 유인해왔다.

> 왕상 13:18-32, 나도 그대와 같은 선지자라 천사가 여호와의 말씀으로 내게 이르기를 그를 네 집으로 데리고 돌아가서 그에게 떡을 먹이고 물을 마시게 하라 하였느니라 하니 이는 그 사람을 속임이라 이에 젊은 선지자는 늙은 선지자 집에서 떡을 먹고 물을 마시고 나귀에 안장을 지우니라.

떠나갔는데 사자에게 물려 죽고 말았다. 늙은 선지자는 거짓 선지자였다.

> 왕상 13:18, 이는 그 사람을 속임이라

> 고후 11:14, 사탄도 자기를 광명의 천사로 가장하나니

사명자는 항상 하나님만 바라보아야 한다. 사명자는 하나님 앞에서 적은 실수도 하지 않아야 한다.

> 고전 9:27, 내가 내 몸을 쳐 복종하게 함은 내가 남에게 전파한 후에, 자기가 도리어 버림을 당할까 두려워함이로다.

쓰임을 받고, 버림받는 자가 되지 말자. 유종의 미를 거두자.

야베스의 기도를 나의 것으로

역대상 4:9-19

1. 내게 복에 복을 더해 주시옵소서!

> 대상 4:10, 야베스가 이스라엘에 하나님께 아뢰어 가로되 원컨대 주께서 내게 복에 복을 더하사

야베스는 복을 주시는 분이 하나님이신 것을 믿었다. 그래서 그는 하나님께 복을 달라고 기도하였다. '원컨대'라는 말은 간절한 기원, 소원이 섞여 있는 기도이다. 그가 구한 복은 사람의 힘으로 얻지 못하는 초자연적 은혜이다. 우리도 하나님만이 주실 수 있는 복을 열심히 구하자.

- 작은 복에서 시작, 큰 복에 이르는 복이다.

사람은 태어나면서 기본 복을 갖고 태어나는데 기본 복보다 더 큰 복을 구하였다.

> 잠 10.22, 여호와께서 복을 주시므로 사람으로 부하게 하시고

> 히 6:14, 내가 반드시 너를 복 주고 복 주며 너를 번성케 하고 번성케 하리라

- 물질의 복과 신령한 복을 주시옵소서이다.

에서가 야곱에 복을 빌어주는 장면이다.

> 창 27:28, 하나님은 하늘의 이슬과 땅의 기름짐이며, 풍성한 곡식과 포도주로 네게 주시기를 원하노라

- 자손의 축복: 야곱이 요셉에게 축복하는 장면이다.

창 49:25 - 네 아비의 하나님께로 말미암나니 그가 너를 도우실 것이요 전능자로 말미암나니 그가 네게 복을 주실 것이라 위로 하늘의 복과 아래로 원천의 복과 젖 먹이는 복과 태의 복이로다.

끊임없이 이어지고 증가되는 복이다.

복에 복을 더한다는 계산은 1+2+3+4처럼 증가되는 복이다. 숫자로 이어지듯 끊어짐이 없는 것을 말한다. 또 복에 복이라고 할 때 곱하기 복을 의미한다. 2 X1=2, 2×2=4, 4x4=16과 같이

- 인간의 계산 방법으로 받는 복보다 하나님 계산의 복이다.

『야베스의 기도』저자 브루스 윌킨스 박사 부부는 결혼한 첫날 저녁부터 야베스의 글자 그대로 자신의 기도가 되게 하여 하루도 빠짐없이 이 기도문을 하나님께 아뢰었고, 기적적인 축복을 받아 누리고 있으며 어디를 가든지 이 기도로 간증하고 소개, 실천케 한다고 한다.

짧은 기도에 엄청난 상을 받는 기도 -

"원컨대 주께서 내게 복에 복을 더하사"

2. 나의 지경을 넓혀주옵소서!

지경이란, 경계라는 뜻이다. 자기의 소유 터전을 말한다. 농부는 지경이 넓어야 곡식을 많이 심고 또 수확한다. 밭을 매입하면 자신의 말뚝을 박아 표시를 한다. 경계선을 표시한다. 지경을 넓혀야 할 일이다.

- 마음의 지경을 넓혀야 한다.

사도 바울은 마음을 넓히라고 하였다.(고후 6:13)

　빌 5:2, 너희 안에 이 마음을 품으라 곧 그리스도 예수의 마음이니

- 장막터를 넘쳐 주옵소서.

　사 54:2, 네 장막터를 넓히며 네 처소의 휘장을 아끼지 말고 널리 펴되

너의 줄을 길게 하며 너의 말뚝을 고히 할지어다.

생활과 생존의 영역이 넓어져야 한다.

- 활동영역이 확장되어야 한다.

우리의 국토는 좁다. 다행히도 우리나라의 기업이 해외로 진출하여 경제대국이 되었고, 각국과 교역이 이루어지면서 한국이 넓혀지고 있다.

- 전도를 많이 하는 것은 지경을 넓히는 비결이다.

  행 1:8, 예루살렘과 온 유대와 사마리아와 땅 끝까지 이르러 내 증인이 되리라 하시니라

하나님 영광을 위하며, 주의 쓰임을 더 크게 받기 위해서 이 기도문은 꼭 필요하고, 하나님께서 원하시는 기도이다. 자신이 건강하고 소유하고, 영력이 있어야 봉사, 헌신, 자선을 베풀 수 있다. 나의 능력 경험 + 훈련 + 인격과 외모+과거 다른 사람의 기대 나에게 주어지는 지경이다. 나의 의지와 약함 + 하나님의 뜻과 초월적인 능력은 확장된 지경이다.

역대상 4:9-10을 보면 앞뒤에 수많은 인명이 소개되고 있다. 약 500명의 생소하고 어려운 이름들이 나열 되어 있는데 그중에 계보 속에 들어 있는 존귀한 자 야베스가 소개되고 있다. 야베스는 모세나 다윗, 아브라함이나 요셉 같이 여러 장, 여러 곳에 소개되지 않았다.

그럼에도 불구하고 야베스를 소개하면서 "야베스는 그 형제보다 존귀한 자라." 그리고 기도한 모든 소원을 응답받아 축복받은 자로 소개하고 있다. 오늘부터 야베스의 기도를 드리자. 내일도, 생명 다하는 그날까지 그리고 복을 받는 자가 되자.

시작은 미약하였으나 창대한 복을

욥기 8:5-7

1. 욥의 시련과 인내

욥 1:1-3, 우스 땅에 욥이라 불리는 사람이 있었는데 그 사람은 온전하고 정직하여 하나님을 경외하며 악에서 떠난 자더라 그에게 아들 일곱과 딸 셋이 태어나니라 그의 소유물은 양이 칠천 마리요 낙타가 삼천 마리요 소가 오백 겨리요 암나귀가 오백 마리이며 종도 많이 있었으니 이 사람은 동방 사람 중에 가장 훌륭한 자라

존경받는 부자라는 뜻이다. 그런데 악한 원수마귀 사탄이 욥을 곤경에 빠트렸다. 욥이 당한 시험, 고통, 곤경은 5가지가 되었다.

- 모든 소유물을 이방사람의 침략에 빼앗겼다.(욥 1:13~17)
- 7남 3녀 모두가 죽었다.(욥 1:18~19)
- 온 몸에 악창이 나 괴롭혔다. (욥 2:7~8)
- 사랑하는 아내가 저주하였다.(욥 2:9~10)
- 사랑하는 세 친구들의 비난이 쏟아졌다.(욥 4:1~26)

2. 욥의 장점

평화롭던 욥의 가정에 시련의 바람이 불었다. 악한 원수마귀 사탄은 언제나 평화롭다고 생각될 때 뒤통수를 치는 것이다. 모든 물질의 도난과 10남매의 죽음은 욥에게 엄청난 충격이다. 원망, 불평, 좌절과 극한 상황에 도달한 것이다. 그럼에도 불구하고 그는 하나님을 경외하는 동방의 의인답게 하나님을 향해 원망, 불평을 하지 않았다.

욥 1:20-22, 욥이 일어나 겉옷을 찢고 머리털을 밀고 땅에 엎드려 예배하며 이르되 내가 모태에서 알몸으로 나왔사온즉 또한 알몸이 그리로 돌아올지라 주신 이도 여호와시요 거두신 이도 여호와시오니 여호와의 이름이 찬송을 받으실지니이다 하고 이 모든 일에 욥이 범죄하지 아니하고 하나님을 향하여 원망하지 아니하니라

욥 2:7-10, 사탄이 이에 여호와 앞에서 물러가서 욥을 쳐서 그의 발바닥에서 정수리까지 종기가 나게 한지라 욥이 재 가운데 앉아서 질그릇 조각을 가져다가 몸을 긁고 있더니 그의 아내가 그에게 이르되 당신이 그래도 자기의 온전함을 굳게 지키느냐 하나님을 욕하고 죽으라 그가 이르되 그대의 한 말이 한 어리석은 여자의 말 같도다 우리가 하나님께 복을 받았은즉 화도 받지 아니하겠느냐 하고 이 모든 일에 욥이 입술로 범죄하지 아니하니라

욥의 장점을 하나님은 기억하셨다. 인간의 생사화복은 여호와 하나님께 있음을 믿고, 하나님을 끝까지 믿으면 하나님은 시험과 고난을 통과시키신 후에 큰 복을 주신다.

3. 욥이 받은 복

하나님은 시작은 미약하나 창대케 하시는 축복을 주시는 복의 근원자이시다. 욥 8:5-7의 말씀은 욥의 친구 수야 사람 빌닷이 권면하는 말로 너무나 우리들에게 참고가 될 교훈이다. 이 말씀은 우리가 심비에 새겨들 말씀이다. 시작은 미약하지만 창대한 복을 받는 비결은 미약하더라도 시작을 바르게 해야 한다.

사람은 무슨 일이나 사업을 시작하려면 거금을 투자하여 거창하게 시작하여야만 되는 줄 아는 욕구와 욕망을 지니고 있다. 그렇지만 시작이 반이다. 시작은 미약하였으나 나중에 심히 창대하려면?

- 하나님께 부지런히 기도해야 한다.

　욥 8:5, 네가 만일 하나님을 찾으면 전능하신 이에게 간구하고(개역성경: 네가 만일 하나님을 부지런히 구하면 전능하신 이에게 빌고)

"부지런히 구하며"는 날이 새다, 밤이 새도록 열심히 찾아 기도하는 것을 뜻한다. 그러므로 실패하였다고 좌절하지 말고, 하나님을 찾아 새벽부터 기도하고 부지런히 일하면 하나님께서 반드시 창대케 하신다.

- 청결하고 정직하면 하나님이 돌보아 주시다.

　마 5:8, 마음이 청결한 자는 복이 있나니 그들이 하나님을 볼 것임이요

하나님을 만나면 만사형통이다. 하나님은 정직한 자를 들어 쓰신다. 정직한 자에게 복을 주신다. 성경은 정직자에게 축복이 있다고 증언하고 있다.(잠 11:3, 6, 11)

하나님은 거짓을 싫어하신다. 우리 성도는 청결한 양심에 거짓이 없어야 한다.

욥은 하나님께 복을 받아 10남매를 다시 얻고, 물질의 복을 배로 받아 창대케 되었다.(욥 42:12-17) 그는 자신이 200세가 되도록 장수의 축복도 누렸다.

오른손으로 보호, 구원해 주시다

시편 17:1-15

1. 다윗의 아침 기도

시편 17편은 다윗이 사울 왕의 질풍 같은 박해로 위태로운 상황에 처하여 있을 때의 간구였다. 하나님께서 능력의 손으로 보호, 구원해 주시는 은총을 생각하며 아침의 기도를 드린 내용이다.

사람이나, 교회 또는 국가 단체는 누군가의 도움을 받아야 하고, 또 도와주는 것이 역사요 우리 인생의 삶이라고 할 수 있다. 사람이나 국가단체의 도움은 불완전하며 자신들의 이익을 추구하려고 한다.

그러나 하나님의 보호하심과 구원의 손길은 완전하며 대가를 요구하지 않으시고 은총을 베푸시는 좋으신 하나님이시다. 하나님은 구원을 호소하는 자의 기도를 들어 주신다.

> 시 17:1, 여호와여 의의 호소를 들으소서 나의 울부짖음에 주의하소서 거짓되지 아니한 입술에서 나오는 나의 기도에 귀를 기울이소서
>
> 6절, 하나님이여 내게 응답하시겠으므로 내가 불렀사오니 내게 귀를 기울여 내 말을 들으소서

2. 귀를 기울이시는 하나님

무소부재하신 하나님은 언제나, 어디서나, 어떤 상황 속에서도 때와 장소를 가리지 않고 우리의 부르짖는 기도를 들어주신다.

- 오른손으로 구원해 주신다.(시 17:7)
- 눈동자 같이 보호하신다.(시17:8)
- 주의 날개 그늘 아래 안보해 주신다.(시 17:8)

> 출 3:7-8, 여호와께서 이르시되 내가 애굽에 있는 내 백성의 고통을 분명히 보고 그들의 감독자로 말미암아 부르짖음을 듣고 그 근심을 알고 데려가려하노라

이스라엘 백성들이 애굽나라에서 430년 동안 노예생활을 하다가 너무나 힘들어 하나님께 부르짖어 기도하였더니 하나님께서 지도자 모세를 통해 출애굽하게 하시고 젖과 꿀이 흐르는 가나안 땅으로 인도하시겠다는 것이다.(출 2:23-25)

하나님은 하나님의 백성들의 부르짖는 기도를 들으시고 응답하신다.

3. 대한민국을 보호해주신 하나님

하나님은 우리나라의 성도들의 부르짖는 기도를 들어 주셨다.

① 일제 36년 동안의 속박에서 자유 대한독립 만세를 주셨다. 1945년 8월 15일, 대한민국이 일본 압제에서 해방된 것은 전적으로 하나님의 기적적인 은혜이다. 우리 민족의 힘이나 국력으로 얻은 해방이 아니었다. 예수 믿는 신앙 선배들의 일사각오의 신앙으로 하나님께 부르짖어 기도한 힘이다.

② 북한 공산주의가 일으킨 6·25 전쟁에서 지켜주셨다. 1950년 6월 25일 주일 새벽에 김일성은 소련과 중공의 도움을 받아 기습 남침을 하였다. 인민군들은 교회를 점령 자신들의 사무실로 접수하고 교인들을 색출하여 인민재판으로 학살하였다. 수많은 성도들이 순교를 당하였다. UN군의 도움으로 북진 3년 동안의 전쟁으로 휴전은 했으나 국도는 폐허가 되었다. 전 세계에서 가장 비참한 거지의 나라가 되었다.

③ 서독으로 간호사, 광부를 파견하다. 1962년 박정희 대통령이 서독에 1억4천 마르크 차관을 얻기 위해 간호사와 광부들을 서독에 보냈다. 당시에, 간호사 소녀들은 서독에서 죽은 사람의 시체를 알코올로 닦아내는 일을 하였고, 광부들은 천 미터 이상의 땅굴 속에서 뜨거운 지열을 참으며 죽어라 일을 하였다. 한국의 근대화는 서독에 파견된 간호사와 광부들로부터 시작되었다.

④ 월남 전쟁에 한국 군인 출정하다. 1965년 이후 비둘기부대, 맹호부대, 청룡부대 등 월남 전쟁에 파병 되었다. 참전용사들의 전투수당으로 경부고속도로가 건설되었다.

⑤ 중동으로 건설 인력 수출하다. 뜨거운 열대사막에서 피 같은 땀을 흘리며 밤낮으로 달러를 벌어들였다.

⑥ 어린 소녀들은 가발공장, 신발공장, 봉제공장, 섬유공장에서 라면으로 끼니를 때우며 수출상품을 만들어 받은 월급으로 동생들의 학비를 충당하였다.

⑦ 새마을 운동을 일으켰다. 1970년대에 "근면, 자조, 협동"의 구호 아래 지붕을 슬레이트로, 변소개량 등 새마을 운동이 일어났다.

⑧ 거지의 나라 대한민국이 경제대국이 된 것은 하나님의 축복이다. 조선산업 세계 1위, 컴퓨터 보급률 세계 1위, 초고속 통신망 세계 1위, 학교 정보화시설 세계 1위이다.

목동 다윗을 왕으로 세우신 하나님께서 우리를 하늘나라 기업 상속자로 삼으셨다.(벧전 2:9)

둘째 묶음

교회를 사랑하는 자는_시 122:1-9

하나님의 인도하심을 받으려면_잠 3:1-10

하나님은 비전의 사람을 들어서 쓰신다_잠 29:18

남북 평화를 위한 기도_렘 29:11-13

여호와는 이스라엘의 기념칭호_호 12:3-6

한국전쟁 후에 평화를 주시다_미 4:3-4

현대판 전도자 요나가 되자_욘 3:1-10

부흥의 불길 타오르게 하소서_합 3:1-2

온전한 십일조와 축복_말 3:8-12

돌이키게 하리라_말 4:1-6

주님께 쓰임 받는 나귀처럼_마 21:1-11

예수님이 창설하신 성만찬_마 26:17-30

예수님의 거룩한 습관을 본받자_막 1:35-39

어린 아이들에게 안수하고 축복하자_막 10:13-16

예수님과 삭개오_눅 19:1-10

교회를 사랑하는 자는

시편 122:1-9

1. 여호와의 집에 올라가는 것은 기쁜 일

> 시 122:1, 사람이 내게 말하기를 여호와의 집에 올라가자 할 때에 내가 기뻐하였도다

이스라엘 백성은 3대 절기(유월절, 맥추절, 수장절: 출 23:14-17) 때에는 꼭 예루살렘 성전으로 올라가 하나님께 예배를 드렸다. 그들은 포로로 잡혀갔을 때도 성전을 사모하여 성전 쪽을 바라보며 하루 세 번씩 기도하였다.

> 단 6:10, 다니엘이 이 조서에 왕의 도장이 찍힌 것을 알고도 자기 집에 돌아가서는 윗 방에 올라가 예루살렘으로 향한 창문을 열고 전에 하던 대로 하루 세 번씩 무릎을 꿇고 기도하며 그의 하나님께 감사하였더라

여호와의 집, 예루살렘, 하나님의 집은 오늘의 교회이다. 우리는 교회 - 여호와의 집에 왜 올라가야 하는가? 답은 하나님께서 계시기 때문이다.

- 솔로몬 왕은 성전 건축 후에 이렇게 말했다.

> 대하 6:2, 내가 주를 위하여 거하실 성전을 건축하였사오니 주께서 영원히 계실 처소로소이다

2. 성전의 건축을 사모한 다윗

다윗 왕이 나단 선지자와 상담한 후에 하나님의 집을 지어드리겠다고 하였

더니 하나님의 대답은 "네가 나를 위하여 내가 살 집을 건축하겠느냐" 만족해하시고 세 가지로 축복을 하셨다.
- 하나님이 다윗과 함께 하사 위대하게 하겠다.(삼하 7:9)
- 다윗의 아들로 하여금 성전건축하게 하겠다.(삼하 7:13)
- 다윗 가문과 그 나라를 영원히 견고케 하리라.(삼하 7:16)

다윗은 하나님의 법궤를 오벧에돔 집에서 다윗 성으로 모셔오고 하나님 거하실 집을 건축할 마음을 가졌었는데도 다윗을 "내 마음에 합한 자"(행 13:22)라고 칭찬하시고 축복하셨다.

다윗은 기뻐하여 감사기도를 드렸다.

> 삼하 7:28-29, 주 여호와여 오직 주는 하나님이시며 주의 말씀들이 참되시니이다 주께서 이 좋은 것을 주의 종에게 말씀하셨사오니 이제 청하건대 종의 집에 복을 주사 주 앞에 영원히 있게 하옵소서 주 여호와께서 말씀하셨사오니 주의 종의 집이 영원히 복을 받게 하옵소서

3. 교회의 주인은 하나님이시다

우리는 하나님의 자녀이다. 주인이시고 모든 이들의 아버지이신 하나님이 계신 교회에 가는 것은 기쁘고 즐거운 일이다.

> 고전 3:16, 너희는 너희가 하나님의 성전인 것과 하나님의 성령이 너희 안에 계시는 것을 알지 못하느냐,

> 마 18:20, 두 세 사람이 내 이름으로 모인 곳에는 나도 그들 중에 있느니라.

하나님 아버지께서 계시는 이 교회에 하나님의 자녀들이 모이면 그들 중에 주님도 함께 계시며 우리의 소원을 만족케 해 주시니 기쁜 일이다. 그래서 사도 바울은 "주 안에서 항상 기뻐하라 내가 다시 말하노니 기뻐하라"(빌

4:4) 하였다.

4. 어떤 건축물보다 아름답게 지어야 할 예배당
"예루살렘아 너는 잘 짜여 진 성읍과 같이 건설되었도다."(시 122:3) 라고 하였다. 예루살렘은 이스라엘의 수도이다. 이곳에는 많은 건물들이 세워져 있었다. 그 중에 하나님의 성전, 솔로몬이 건축한 성전은 세상에서 가장 웅장하고 아름답게 지었다.

왕상 5장 6장, 7장을 읽어 보자. 솔로몬은 7년 동안 성전을 건축하였다. 최고 좋은 재료로 건축하였다. 레바논의 백향목, 잣나무, 감람나무, 순금으로 장식하였다.

학개 저자는 성전을 무시하고 가볍게 여기는 자를 향해 외쳤다.

> 학 1:9-11, 너희가 많은 것을 바랐으나 도리어 적었고 너희가 그것을 집으로 가져갔으나 내가 불어 버렸느니라 나 만군의 여호와가 말하노라 이것이 무슨 까닭이냐 내 집은 황폐하였으되 너희는 각각 자기의 집을 짓기 위하여 빨랐음이라 그러므로 너희로 말미암아 하늘은 이슬을 그쳤고 땅은 산물을 그쳤으며 내가 이 땅과 산과 곡물과 새 포도주와 기름과 땅의 모든 소산과 사람과 가축과 손으로 수고하는 모든 일에 한재를 들게 하였느니라.

5. 교회를 사랑하면 하나님이 복을 주신다
교회는 하나님께서 인생에게 복을 주사는 통로이다. 시 122:5-9을 함께 읽자. 하나님은 보좌에서 판단하신다. 누가 교회를 사랑하는가를 보시고 계신다. 누가 주일성수, 십일조, 감사, 전도, 기도를 많이 하는가를 감찰하신다. 예수님은 성전에 와서 두 렙돈을 헌금하는 가난한 과부의 정성스러운 모습을 크게 칭찬하셨다.(눅 21:1-4)

백낙준(白樂濬) 박사(연세대 총장과 문교부장관을 역임)의 아버지 백사겸은 무당 점쟁이였다. 한 전도자가 그에게 말하였다. "당신, 이렇게 살면 죽어 지옥 가는 것은 물론이고 자손들은 망할 것이요 그러니 예수 믿어야 되오." 백사겸은 무당의 일을 버리고, 예수님을 믿고, 교회에 사찰로 들어갔다. 그는 예배당을 건축 때 자신의 땅 세 마지기를 건축비로 바쳤다. 백낙준은 선교사 집에 장작을 패고 물 길러 주는 일을 하다가 선교사의 도움으로 미국 유학 프리스턴 신학, 예일대학 박사학위를 받고 귀국 90세까지 살았다. 그는 자신의 자녀까지 복을 받은 신수성가의 모델이 되었다.

하나님의 인도하심을 받으려면

잠언 3:1-10

1. 하나님을 믿고 구원의 확신이 있어야

> 잠 3:1, 내 아들아 나의 법을 잊어버리지 말고 네 마음으로 나의 명령을 지키라

- "내 아들아"

신적 권위를 갖고 하나님의 지혜의 대언자가 이 말씀을 받는 우리들에게 자상하게 가르치는 교훈의 말씀이라는 의미에서 "내 아들아"라고 하였다.

- "나의 법을 잊어버리지 말고"

하나님의 법, 믿음으로 구원 얻은 사실을 잊어버리지 말라는 뜻이다.

> 히 11.6, 믿음이 없이는 하나님을 기쁘시게 하지 못하나니 하나님께 나아가는 자는 반드시 그가 계신 것과 또한 그가 자기를 찾는 자들에게 상 주시는 이심을 믿어야 할지니라

> 요 3:16, 하나님이 세상을 이처럼 사랑하사 독생자를 주셨으니 이는 그를 믿는 자마다 멸망하지 않고 영생을 얻게 하려 하심이라

2. 구원을 얻은 사람

예수 그리스도를 구세주로 믿는 자는 구원을 얻는 자이다.

> 요 3:17, 하나님이 그 아들을 세상에 보내신 것은 세상을 심판하려 하심이 아니요 그로 말미암아 세상이 구원을 받게 하려 함이라

구원의 확신이 있으신가? 그러면 하나님을 믿는 자요 하나님의 법을 잊어

버리지 않는 자이다. 구원의 확신이 있는 자는 그 마음에 기쁨이 있고 참 평강이 있게 된다.

그러므로 자신에게 자문자답해 보자. "나는 확실히 구원을 받았다."

> 빌 4:4, 주 안에서 항상 기뻐하라 내가 다시 말하노니 기뻐하라

> 6-7절, 아무 것도 염려하지 말고 다만 모든 일에 기도와 간구로 너희 구할 것을 감사함으로 하나님께 아뢰라 그리하면 모든 지각에 뛰어난 하나님의 평강이 그리스도 예수 안에서 너희 마음과 생각을 지키시리라

> 벧전 2:9, 너희는 택하신 족속이요 왕 같은 제사장들이요 거룩한 나라요 그의 소유가 된 백성이니 이는 너희를 어두운 가운데서 불러 내어 그의 기이한 빛에 들어가게 하신 이의 아름다운 덕을 선포하게 하려 하심이라

"구원의 확신을 믿으십니까?" 하나님을 믿고 구원의 확신이 있어야 하나님도 여러분을 인정하는 것이다.

3. 변화를 받은 사람

하나님을 믿는 자는 새로운 사람으로 변화를 받은 체험이 있어야 한다.

> 엡 4:22-24, 너희는 유혹의 욕심을 따라 썩어져 가는 구습을 따르는 옛 사람을 벗어 버리고 오직 너희의 심령이 새롭게 되어 하나님을 따라 의와 진리의 거룩함으로 지으심을 받은 새 사람을 입으라

> 롬 12:2, 너희는 이 세대를 본받지 말고 오직 마음을 새롭게 함으로 변화를 받아 하나님의 선하시고 기뻐하시고 온전하신 뜻이 무엇인지 분별하도록 하라

하나님을 믿고 교회생활을 시작하신 것은 하나님의 인도하심이 있었기 때문이다. 이제, 하나님의 인도하심을 지속적으로 받기 위해 믿음에 굳게 서시기를 축원한다.

구원의 확신이 있으시기를 바란다. 예수 믿는 사람답게 구습을 버리고 새로운 사람으로 변화받기를 축원한다. 그러면 하나님의 인도하심이 함께 하신다.

잠 3:2, 그리하면 그것이 네가 장수하여 많은 해를 누리게 하며 평강을 더하게 하리라

4. 하나님의 인도를 받는 사람

인자와 진리를 마음 판에 새기면 하님의 인도를 받게 된다.(잠 3:3) 하나님을 인정하면 하나님의 인도를 받게 된다.

잠 3:6, 너는 범사에 그를 인정하라 그리하면 네 길을 지도하시리라

약 4:8, 하나님을 가까이 하라 그리하연 너희를 가까이 하시리라

신수성가 만사형통의 비결은 하나님의 인도를 받는 데 있다.

인자는 불행을 당하거나 고통을 당하는 사람을 불쌍히 여기는 마음이다.

요 8:32, 진리를 알지니 진리가 너희를 자유롭게 하리라

진리는 예수님이시다.

요 14:6, 예수께서 이르시되 내가 곧 길이요 진리요 생명이니 나로 말미암지 않고는 아버지께로 올 자가 없느니라

예수님은 선한 사마리아 사람의 비유를 교훈하셨다(눅 10:30-37)

성경은 진리의 말씀이다. 예수 믿고 구원받은 확신이 있는 자라면 예수님의 가르치심이 기록되어 있는 진리의 말씀 성경을 읽어야 한다. 진리의 말씀은 우리 영혼의 양식이다. 육신의 양식이 생명을 유지하듯 영혼의 양식, 진리의 말씀은 우리 영혼을 풍요롭게 한다.

잠 3:4, 그리하면 네가 하나님과 사람 앞에서 은총과 귀중히 여김을 받으리라

5. 예물을 드리는 사람

"네 재물과 소산물의 처음 익은 열매"로 여호와를 공경하여야 한다. 이 일은 쉽게 말하면 하나님께 예물을 드리라는 말씀이다. 마음에 정성이 있으면 드릴 수 있다.

신 16:17, 각 사람이 네 하나님 여호와께서 주신 복을 따라서 그 힘대로 드릴지니라

말 3:8-10, 온전한 십일조를 드려 나의 집에 양식이 있게 하고 그것으로 나를 시험하여 내가 하늘 문을 열고 너희에게 복을 쌓을 곳이 없도록 붓지 아니하나 보라

아들이 취직하여 첫 월급을 타고 아버지와 어머니의 수고에 보답하시려고 양말, 넥타이를 사서 부모에게 드리면 부모가 그것을 받고 기뻐하며 더 큰 것으로 하사 한다.(잠 3:10)

하나님은 비전의 사람을 쓰신다

잠언 29:18

1. 폴란드 아우스비츠의 5대 80

독일 나치스 수용소가 폴란드 아우스비츠에 지금도 보존되어 유명한 관광명소가 되었다. 600만 명의 유대인이 그곳에서 죽어 갔다.

성탄절을 앞두고 연합군이 독일과 전쟁하고 있어 독일이 참패하게 되고 그렇게 되면 수용소에 있는 유대인들은 자유롭게 될 것이었다. 성탄절까지만 견디게 된다면 살 수 있다는 희망이 생겼다.

이때는 죽는 사람이 아주 없거나 5명 정도 밖에 죽지 않았다. 시간이 갈수록 독일군은 더 무자비하게 유대인을 학살한다. 성탄절이 지났다. 연합군의 승리 소식이 없자 하루에 80 명씩 죽어갔다. 왜 그렇게 되었을까? 자유롭게 해방된다는 꿈이 사라져버렸기 때문이다. 사람에게는 비전이 있어야 한다. 꿈, 희망, 환상 등 바라는 것이 있어야 살아갈 맛이 있는 것이다.

2. 흑인 조지 워싱톤 카버

카버는 1940년대 미국 남부 목화재배 노예의 자식으로 태어났으나 생년월일조차 알지 못하는 천덕꾸러기였다. 자신의 불우한 환경을 극복하고 그는 목화재배에 큰 관심을 갖고 연구하여 땅 속에 있는 질소가 목화 열매 맺을 때에 다 영양으로 공급되어 땅에 질소가 없어지고 목화 수확이 줄어들었다는 것을 알게 되었다.

그는 새로 개간한 땅에 목화를 심어야 했다. 그러나 카버는 기도하면서 "반드시 대체식물이 있을 거야." 라는 꿈을 가졌다. 그는 연구한 끝에 땅콩을 심었더니 땅콩도 잘 되고 땅에 질소도 회복되는 것이었다. 그렇지만 모든 농가에서 땅콩을 심어 과잉 생산이 되었다. 땅콩 때문에 농가가 망하게 되었다.

카버는 하나님께 소리 높여 기도하였다.

"오 하나님이시여, 주님은 무엇을 하시려고 이 우주를 만드셨습니까?"

이때 하나님께서 카버에게, "너는 큰것을 알려고 하지 말고 네 마음에 진정으로 원하는 것이나 말해 보려무나."라고 응답하시는 것이었다.

"하나님, 무엇을 하시려고 땅콩을 심게 하셨습니까?"

"너는 땅콩 한줌 들고 실험실에 들어가서 연구를 계속하라."

하나님의 음성이 들렸다. 그래서 그가 밤낮으로 실험실에서 연구한 결과 땅콩에서 식용유, 크림, 구두약 등 100 가지가 넘는 식용품과 200 가지가 넘는 실용품을 만들게 되었다.

카버는 후에, 농학박사가 되었다. 그로 인해서 미국 남부의 경제는 되살아났다. 1940년에 그가 죽었을 때는 전 미국민들로부터 존경받는 귀한 인물이 되었다.

비전을 가진 사람은 시련과 고난은 있어도 좌절이나 절망은 없다. 하나님께서 성공자로 인도하시는 것이다. 하나님께서 비전을 주시고 그 비전을 이루시도록 하나님이 힘께 하시기 때문이다.

흑인 인권 운동가 마틴 루터 킹 목사는 "우 리가 꿈만 버리지 않는다면 절망의 동산에서 희망의 반석을 캐낼 수 있다"고 하였다.

3. 성경에서 보여 준 비전의 사람

- 아브라함

창 12:1-2, 하나님이 아브라함에게 이르시되 너는 너의 고향과 친척과 아버지의 집을 떠나 내가 네게 보여 줄 땅으로 가라 내가 너로 큰 민족을 이루고 네게 복을 주어 네 이름을 창대하게 하리니 너는 복이 될지라

창 13:14-16, 너는 눈을 들어 북쪽과 남쪽 그리고 동쪽과 서쪽을 바라보라 보이는 땅을 내가 너와 네 자손에게 주리니 영원히 이르리라 내가 너와 네 자손에게 주리니 영원히 이르리라 내가 네 자손이 땅의 티끌 같게 하리니 사람이 땅의 티끌을 능히 셀 수 있을진대 네 자손도 세리라

- 다윗

다윗은 하나님의 성전 건축에 대한 비전의 사람이었다.

대상 17:1~2, 다윗이 나단에게 이르되 나는 백향목 궁에 거주하거늘 여호와의 언약궤는 휘장 아래에 있도다 나단이 다윗에게 아뢰되 하나님이 왕과 함께 계시니 마음에 있는 바를 모두 행하소서

-요셉

곡식단이 절하는 꿈, 해, 달, 별이 절하던 꿈은 20년이란 세월이 지나간 후 성취되었다.(창 37:7-9) 꿈의 사람을 애굽에서 총리가 되게 하신 하나님은 위대하시다. 하나님은 주권자이시다.

남북 평화를 위한 기도

예레미야 29:11-13

1. 나라와 민족을 위한 기도

기도하는 민족은 망하지 않는다.

> 골 4:2, 기도를 계속하고 기도에 감사함으로 깨어 있으라

> 렘 29.12, 너희가 내게 부르짖으며 내게 와서 기도하면 내가 너희들의 기도를 들을 것이요

하나님은 자기 백성의 기도를 들으시고 응답하신다.

아말렉 군사들이 이스라엘 백성을 급 습격하였을 때 여호수아는 젊은이들과 대치 싸우고 모세는 아론과 훌을 데리고 높은 산꼭대기에 올라가 기도하여 승리를 얻었다. 이를 기념하여 여호와 닛시 제단을 쌓아 감사예배를 드렸다.(출 17:8-16)

유대인이 모두 죽임을 당하고 재산은 몰수당할 위급한 때, 에스더는 "죽으면 죽으리라." 모르드개와 함께 금식기도 후에 역전의 전과를 올려 승리를 거두고, 그 기념을 부림일로 지키게 되었다.(에 1-10장)

유다의 히스기야 왕은 앗수르 군대가 18만 5천명이 진격해 국운이 풍전등화 위기에 처 하자 항복하라는 글을 여호와의 전에 올라가서 하나님 앞에 펴놓고 기도하였다.(사 37:14-38)

> 사 37:16-20, 그룹 사이에 계신 이스라엘 하나님 만군의 여호와여 주는 천하 만국에 유일하신 하나님이시라 주께서 천지를 만드셨나이다.

우리 하나님 여호와여 이제 우리를 그의 손에서 구원하사 천하 만국이 주 만이 여호와이신 줄을 알게 하옵소서 하니라

그 후에, 앗수르 18만 5천 군대는 여호와의 사자가 나가서 처리해 주었다.(시 37:36)

2. 남북한이 평화롭게 살도록 기도

북한은 적화통일을 계책하고 있다. 우리는 남북이 평화통일 되기를 소원한다. 북한을 변화시킬 분은 하나님 한 분이시다.

대하 7:14, 내 이름으로 일컫는 내 백성이 그들의 악한 길을 떠나 스스로 낮추고 기도하여 내 얼굴을 찾으면 내가 하늘에서 듣고 그들의 죄를 사하고 그들의 땅을 고칠지라

시 34:14, 악을 버리고 선을 행하며 화평을 찾아 따를지어다

예수님은 이 땅에 참 평화를 주시려 오셨다. 성경은 모든 민족이 평화롭게 살도록 요구하고 있다. 예수 이름으로 평강의 왕 예수님의 능력으로 남북한이 평화가 이루어지기를 기도하자.

렘 29:11, 너희를 향한 나의 생각을 내가 아나니 평안이요 재앙이 아니니라

겔 37:16-17, 인자야 너는 막대기 하나를 가져다가 그 위에 유다와 그 짝 이스라엘 자손이라 쓰고 또 다른 막대기 하나를 갖고 그 위에 에브라임의 막대기 곧 요셉과 그 짝 이스라엘 온 족속이라 쓰고 그 막대기들을 서로 합하여 하나가 되게 하라 네 손에서 둘이 하나가 되리라

국가의 흥망성쇠를 주장하시는 분이 하나님이시다. 인간의 생사화복을 주장하시는 분이 하나님이시다. 우리 교회가 우리 교단이 우리 모든 기독교인이 우리 모든 민족이 한마음 한뜻으로 평화통일을 위해 기도하면 반드시 하나님이 들으시고 소원을 이루어 주실 것이다.

여호와는 이스라엘의 기념 칭호

호세아 12:3-6

l. 하나님께서 세우신 교회 설립일을 기념하자

조치원 장로교회의 설립은 1906년 10월 4일 미국 북장로회 민노아 선교사가 조치원 평리에 사는 여현기 시댁에서 예배를 드림으로 시작되었다. 조치원 장로교회 103년 동안 교역자 16대, 장로 13대, 권사 8대로 이어졌다.(2009년 9월 26일 임직함)

일제 억압, 한국전쟁 등 민족적 수난시대를 거쳐 교회 분규의 아픔도 있었으나 하나님의 교회는 시작은 미약하였으나 창대케 하셨다. 에벤에셀 100년 비전, 100년 주님 재림을 소망하며 우리 교회를 설립해 주신 하나님의 이름을 기념하고 감사드리며 대속의 은총을 잊지 말아야 한다.

2. 이스라엘의 기념 칭호인 여호와

> 호 12:5, 여호와는 만군의 하나님이시라 여호와는 그를 기억하게 하는 이름이니라

이스라엘이란 명사는 야곱이 압복 강에서 천사와 씨름하여 얻은 축복의 이름이다. 야곱은 아버지 이삭의 쌍둥이 아들중 형 에서 둘째 야곱으로 출생하였다.(창 25:24-29, 야곱의 이름의 뜻은 뒤발꿈치를 잡았다는 뜻이다.)

야곱은 에서를 제치고, 아버지 이삭의 장자 상속권을 소유할 야욕에 불탔다. 형 에서가 사냥 갔다가 빈손으로 집에 돌아와 배고파 하는 시기를 이

용하여 팥죽 한 그릇으로 에서가 누려야 할 장자의 명분을 차지하였다.(창 25:29-34) 야곱은 아버지 이삭이 나이 많아 시력이 약함을 알고 변복하여 별미를 만들어 에서가 받을 장자의 축복을 가로채었다.

장자의 축복을 빼앗긴 에서가 야곱을 죽여 한을 풀려 한다는 어머니 리브가의 말을 듣고 외삼촌 집으로 피난길에 나섰다.(창 27:41-49) 야곱은 외삼촌이 사는 밧단 아람으로 도망가던 중 광야 한 곳에서 유숙하게 된다.(창 28: 1-5) 그는 꿈에 사닥다리가 땅 끝에서 하늘에 닿았고 하나님의 사자들이 오르락내리락 하는 것을 보고 있는데 하나님의 축복의 음성이 들렸다.(창 28:10-14)

> 창 28:15, 내가 너와 함께 있어 네가 어디로 가든지 너를 지키며 너를 이끌어 이 땅으로 돌아오게 할지라 내가 네게 허락한 것을 다 이루기까지 너를 떠나지 아니 하리라

하나님은 꾀보 사기꾼 같은 야곱도 지켜주시고 함께 하신다고 약속하셨는데 여러분에게도 하나님은 함께 하시고 복을 내려 주신다는 사실을 잊지 말라. 여호와의 이름을 날마다 기념하시기를 축원한다.

야곱은 즉시 일어나 베게로 삼았던 돌을 가져다가 기둥을 세우고 그 위에 기름을 붓고 그곳 이름을 벧엘이라고 하였다. 벧엘이란 하나님의 집이라는 뜻이다.

오늘, 우리 조치원 장로교회가 벧엘이다. 야곱은 벧엘에서 서원기도를 드렸다. "십일조를 드리겠습니다."(창 28:18-22)

20년 후에, 외삼촌 집에서 아내와 열두 아들을 얻어 고향으로 돌아온다. 20년이 지났는데 야곱이 돌아온다는 소식을 들은 형 에서는 400명의 군사를 이끌고 야곱에게로 오고 있다는 것이다.(창 32:6)

야곱은 심히 두렵고 답답하였다. 그는 아내들과 자녀와 짐승의 떼를 입복

강 건너 먼저 보내고 자신은 홀로 남아 날이 새도록 어떤 사람과 씨름을 하다가 환도 뼈가 부러져도 놓지 않고 "내게 축복해 주지 아니하면 놓아 주지 않겠다"고 하여 얻은 이름이 이스라엘이다.

이스라엘의 뜻은 하나님과 및 사람들과 겨루어 이겼다는 뜻이다. 그리고 그곳의 이름을 브니엘이라고 하였으니 그 뜻은 "내가 하나님과 대면하여 보았으나 내 생명이 보존되었다"는 뜻이다.

3. 여호와를 기념 칭호 삼는 자는 복을 받는다.

야곱은 그 이름도 그가 행한 일도 환영받을 자가 아니었다. 그러나 한 가지 하나님 보실 때 복 받을 일을 한 것이 있으니 그것은 어디를 가든지 하나님을 기억하고 잊어버리지 않았다는 점이다.

약 4:8, 하나님을 가까이 하라 그리하면 너희를 가까이 하시리라

한국전쟁 후에 평화를 주시다

미가 4:3-4

1. 애국의 기도를 드리자

애국하는 마음으로 우리는 기도해야 한다. 남북이 평화를 함께 누리도록 기도해야 한다. 북한 땅에 무너진 교회들이 다시 건축되고 세워지도록 기도해야 한다.

예수님은 예루살렘의 멸망을 예견하시고 눈물을 흘리셨다. 예레미야 선지자도 조국을 위해 눈물로 기도하였고, 느헤미야도 폐허가 된 조국 재건을 위해 기도하며 성벽을 성축하는 일에 전심전력을 다하였다.

기도하는 사람이 애국자이다. 북한 땅에 숨어있는 지하 교인들이 마음 놓고 예배를 드릴 수 있는 날이 속히 오도록 기도하자. 북한은 2009년 11월 화폐개혁 실패 후, 모든 부분에서 급속히 무너져 내리는 현상을 두드러지게 나타나고 있어 우려된다.

2. 6.25 전쟁의 비극을 후대들에게 전수하자

6.25 전쟁이 70년이란 세월이 흘러 지나가면서 동족상쟁의 비극을 잊어버린 것 같다. 이 나라의 백성들 중 일부(주사파들)는 북한이 주장하는 것을 진실로 받아 들여 6.25는 남한이 북쪽을 먼저 침공했다는 것이다. 또 언제까지 분단국가로 있겠느냐 공산주의국가가 되어도 통일만 되면 좋지 않으냐 라고 주장한다.

그러나 성도들이 명심할 것은 적화통일은 안 된다. 기독교 신앙으로 용납할 수 없는 주장이다. 만약 적화통일이 되면 북한의 현실과 똑같이 되고 말 것이다. 그러므로 6.25전쟁을 경험하지 못한 자식들, 손자들에게 6 .25의 비극을 가르쳐야 한다.

> 신 4:9, 오직 너는 스스로 삼가며 네 마음을 힘써 지키라 그리하여 네가 눈으로 본 그 일을 잊어버리지 말라 네가 생존하는 날 동안에 그 일들이 네 마음에서 떠나지 않도록 조심하라 너는 그 일들을 네 아들들과 네 손자들에게 알게 하라

3. 한국전쟁의 아픔과 상처

구-소련이 무너지면서 공개된 6.25전쟁과 관련된 비밀문서와 중국 모택동과 김일성이 나눈 회담록에 6.25전쟁은 분명히 남침이라는 사실이 만천하에 공개되었다.

결코 잊을 수 없는 그날, 70년 전 민족상잔 비극의 그날, 6.25 때, 부모를 잃고 구두통을 울러 메고 헤매던 고아들은 지금 칠순을 넘기고도 평생 그리던 부모님을 만나지 못하고, 하루아침에 남편을 잃고 울부짖던 부모들은 지금은 다 유명을 달리했으니 형제를 잃고 애타게 불렀던 그 이름들은 다 어디로 갔는가.

70년을 지나고도 풀리지 않는 민족의 한과 아픔을 어이하리요 우리가 먼저 아픔을 달래고저 칠십년 세월 동안 상처를 딛고 일어나서 하나님께 부르짖으며 폐허 위에 장미꽃을 심었더니 하나님께서 엄청 난 복을 대한민국에 주셨다.

남한에서는 북한을 향해서 어르고 싸매주며, 치료해주고, 퍼주면서 달랬지만 아직도 그 붉은 야욕의 마귀 속성을 버리지 못하고 있다. 사랑을 원수로 갚아 천안함을 침몰시키고 46명의 고귀한 용사들을 앗아 갔으니 하나님을

모르는 저들의 만행을 어이하리요. 천이 백만의 성도들의 애 끓는 기도가 아직도 하늘에 메아리치지 않았던가.

아니면 하나님의 교회가 잘못되었을까? 하나님께서 어떤 섭리가 있으셔서 진노하신 것인가. 무엇이 잘못되어 아직도 휴전선을 사이에 두고 이렇듯 살아생전 통일을 못 이루고 이렇게 역사의 참상을 더하고 있는가. 통한의 이 백만 영혼들이 아직도 한반도 위를 떠돌고 있는데 가시밭에 백합화를 피우기 위해서는 우리는 더 참고 기도해야 하리라. 하나님을 모르고 살아가는 적그리스도의 신념을 이 세상에서 몰아내기 위해서는 우리가 더 분발하여 하나님을 이 세상 끝까지 전해야 하리 하나님으로 무장한 국가만이 승리하리라.

4. 평화와 국가 번영을 축복하신 하나님께 감사하자

북한 당국과 백성들은 지난 10년 동안 많은 물자를 교계와 단체, 정부에서 지원해 주었건만 감사하다는 말 한 마디가 없다. 하나님을 경외하는 백성들은 하나님께 받은바 크신 은총과 평화를 주심에 감사하고 또 감사해야 한다.

시 136:24, 우리를 우리의 대적에게서 건지신 이에게 감사하라

25절, 먹을 것을 주신 이에게 감사하라

26절, 하늘의 하나님께 감사하라 그 인자하심이 영원함이로다

현대판 전도자 요나가 되자

요나 3:1-10

1. 하나님의 선교

요나서는 하나님의 범 우주적인 여호와의 구원을 실현하는 성경말씀이다. 요나서는 온 세상에 복음을 전파하라는 선교의 책이다. 요나서는 예수님의 십자가에서의 죽음과 삼일 안에 부활하심을 증거하는 예언서이기도 하다.

> 욘 1:17, 요나가 밤낮 삼일을 물고기 뱃속에 있으니라

> 마 12 40, 요나가 밤낮 사흘 동안 큰 물고기 뱃속에 있었던 것 같이 인자도 밤낮 사흘 동안 땅속에 있으리라

> 마 4:1, 요나의 전도를 듣고 니느웨 사람들이 회개하였음이거니와 요나보다 더 큰 이가 여기 있으며

요나서에는 첫 번 명령을 불순종하므로 닥쳐오는 고난을 기록하였다. 1장에는 요나에게 니느웨로 가서 회개하고 하나님을 믿으라는 것이었다. 요나는 원수의 나라가 멸망받기를 원했는데 하나님께서 복음을 전파하여 구원을 얻게 하라는 명령에 불순종하여 다시스로 도망가게 된다.

2. 요나를 깨우치시는 하나님

도망가는 요나에게 큰 환난을 주어서 깨닫게 하셨다. 욥바 항구에서 배를 타고 다시스로 도망가는 요나, 배 밑창에 내려가 잠을 자는 요나. 선장은 큰 폭풍우를 만나자 최후수단으로 하나님께 범죄하는 자를 제비뽑

아 색출하였는데 요나가 뽑힌 것이다.

이때 요나가 한 중요한 말 한 마디가 있다.

> 욘 1:12, 너희가 이 큰 폭풍을 만난 것이 나 때문인 줄 아노라

오늘날 국가적인 난관, 민심이완 계속되는 촛불집회 구타당한 자들의 억울함, 조류독감, 쇠고기 파동, 고물가정책, 기름 값 인상, 공기업 민영화에 따른 반대 항의집회, 계속되는 사회불안 요소를 학원가의 원망, 서해안 기름 유출 후유증, 북한의 양식 결핍으로 아우성치는 배고픔의 소리, 서민 장바구니가 힘들다는 주부들의 원성. 어느 누구하나 책임지는 사람이 없다. 이럴 때 현대판 전도자 요나가 요구된다.

3. 책임을 느끼는 요나

요나의 이름의 뜻은 비둘기란 뜻이다. 그 요나가 모든 책임을 자신이 지겠다는 것이다. 요나를 이렇게 해석해 보면 어떨까?

"'요놈의 나요 몹쓸 놈의 나'가 문제여, 요놈의 나 때문에! 요놈의 내가 하나님의 명령 불순종한 죄 값이야!"

요나는 하나님께 불순종의 책임을 지고 바다에 던져져서 제물이 되었다.

> 욘 1:15-16, 요나를 들어 바다에 던지매 바다가 뛰노는 것이 곧 그친지라 그 사람들이 여호와를 크게 두려워하여 여호와께 제물을 드리고 서원을 하였더라

요나서 2장에는 큰 물고기 뱃속에서 기도하는 요나, 요나의 회개와 서원, 물고기 뱃속에서 토함 받아 육지로 올라온 요나. 3장에는 요나에게 두 번째 내린 하나님 명령과 그 결과에 대한 기록이다.

4. 요나, 두 번째 하나님 명령에 절대 순종하다

문제의 인물 요나는 두 번째 하나님의 명령을 받게 되자 절대 순종하였다. 하나님의 명령은 첫 번째와 동일하였다. 요나는 두 번째 똑같은 명령을 거부할 수 없었다. 큰 물고기 뱃속에서 사흘 동안 갇혀 죽을 뻔 한 사건을 잊을 수 없었다.

> 욘 3:1-4, 여호와의 말씀이 두 번째로 요나에게 임하니라 이르시되 일어나 저 큰 성읍 니느웨로 가서 내가 네게 명한 바를 그들에게 선포하라 하신지라 요나가 여호와의 말씀대로 일어나서 니느웨로 가니라 니느웨는 사흘 동안 걸을 만큼 하나님 앞에 큰 성읍이더라 요나가 그 성읍에 들어가서 하루 동안 다니며 외쳐 이르되 사십 일이 지나면 니느웨가 무너지리라 하였더니

감사한 것은 하나님께서 요나 요놈의 몹쓸 나를 불러 재차 사명을 주셨다는 사실이다. 바울은 폭행자, 예수 핍박자였던 자신을 하나님께서 전도자로 삼으신 것에 감사하였다.

> 고전 15:10, 나의 나 된 것은 하나님의 은혜로 된 것이니

> 롬 14:8, 우리가 살아도 주를 위하여 살고 죽어도 주를 위하여 죽나니 그러므로 사나 죽으나 우리가 주의 것이로다

5. 니느웨 도성의 회개와 구원 받음

요나의 선포는 매우 과격한 것이었다. 그것은 복음이라기보다 저주에 가까운 선포였다.

> 욘 3:4, 사십 일이 지나면 니느웨가 무너지리라

마치 세례 요한이 "회개에 합당한 열매를 맺고 속으로 아브라함이 우리 조상이라 생각하지 말라."고 외친 광야의 소리가 당시 유다사회에 큰 변화의 물결을 갖고 온 이치와 같았다.

1907년 평양 장대현교회에서 회개의 역사가 일어났다. 당시에, 최권능 목

사는 '예수천당 불신지옥'을 외치며 전도하여 조국의 부흥을 일으켰다. 니느웨 백성 그들의 죄는 우상숭배하고 도덕적으로 윤리적으로 포악하였고 약소국가를 침범, 살인 수탈한 죄였다.

요나의 생각대로 저주받아 멸망을 받아야 마땅한 도성이었다. 소돔과 고모라 도성처럼 그런데 놀라운 일이 생겼다. 요나의 외침을 듣고 그 나라 왕으로부터 만조백관, 서민 심지어 짐승까지 금식하며 회개하였다. 악한 길과 손으로 행한 강포에서 돌이켰다.(욘 3:8-9)

하나님은 뜻을 돌이키사 진노를 그치고 구원의 은총을 베푸셨다. 니느웨 도성에는 좌우를 분변 못하는 자가 12만 명이나 되었다.

 행 13:48, 영생을 주시기로 작정된 자는 다 믿더라

우리는 성령의 능력을 힘 입고 요나처럼 전도하자.

 빌 4:13, 내게 능력 주시는 자 안에서 내가 모든 것을 할 수 있느니라

부흥의 불길 타오르게 하소서

하박국 3:1-2

1. 하박국 시대와 오늘 이 시대의 죄악상과 국가적 위기

하박국 선지자가 활동하며 예언하던 시대는 유다 왕국이 국내외적으로 위기를 맞고 있었다.

국외적으로는 강대국 애굽 군대가 BC 609년 유다 왕 여호아하스를 잡아가 죽였다. 여호야김이 왕위에 올랐다. 신흥국가 느브갓네살이 바벨론 국가를 세우고 세계를 정복하기 시작하였다.

국내적으로 이스라엘 백성들은 하나님을 떠나 우상을 섬기고 도덕적으로 음란, 퇴폐 타락하였다. 심지어 여호야김 왕까지도 여호와 보시기에 악행을 하였다.

> 왕하 23:37, 여호야김이 그 열조의 모든 행한 일을 본받아 여호와 보시기에 악을 행하였더라

하박국 선지자는 유다국의 물질적 번영과 영적부흥이 점점 쇠퇴하고 절망의 어두운 그림자를 보고 하나님을 향한 거룩한 열정을 갖고 백성들을 향하여 부르짖어 기도하였다.

> 합 3:1-2, (시기오놋에 맞춰 급격한 변화가 있는 리듬을 가진, 정열적인 노래라는 뜻이다) 하박국의 기도라 여호와여 내가 주께 대한 소문을 듣고 놀랐나이다. 여호와여 주의 일을 이 수년 내에 부흥케 하옵소서 이 수년 내에 나타내옵소서 진노 중에라도 긍휼을 잊지 마옵소서

우리가 살고 있는 우리나라의 상황은 어떠한가? 하박국 시대와 방불하다고 볼 수 있다. 북한 핵실험 이후 6자회담이 열리고 있으나 불투명한 상태이다. 한미 FTA 문제도 걱정거리이다. 정부 여당의 국회의원들이 집단 탈당하여 여당이 야당으로 전락되는 기이한 정치풍토가 발생하였다.

검사가 거짓 진술을 강요하여 물의를 일으키고 교수들이 논문을 표절하여 폐강 당하고 사학문제, 바다이야기 게임공한국, 매춘공화국, 자살률 세계 1위 교통사고 세계 1위, 술을 제일 많이 마시는 것 1위 등 나쁜 것으로 모든 한국이 1위란다.

중, 고교생들이 1년에 7만 명 절도, 강도짓을 하다가 경찰에 잡혀가고, 외국에 유학 가서 학교 컴퓨터를 훔쳐 인터넷으로 판매하다가 붙잡혀 나라 망신시키고 있는 세대이다.

이런 때 하박국 선지자가 애국하는 마음으로 부르짖었던 함성을 오늘 우리가 부르짖을 때이다. "여호와여 주의 일을 이 수년 내에 부흥케 하소서 이 수년 내에 나타내옵소서 진노 중에라도 긍휼을 잊지 마옵소서

2. 주여 부흥의 불길 타오르게 하소서

지금부터 100여 년 전인 1907년 평양 장대현교회에서 부흥사경회가 있었다. 부흥의 비결이 있었다.

- 모여서 함께 기도하였다.

당시에 선교사, 초대 목사 되실 지도자들과 남전도 회원 1,000 명 이상이 한곳에 모여 뜨겁게 기도하였다. 새벽기도를 시작으로 철야기도로 밤을 새었다. 길선주 장로는 공회에 정식허가를 받고 새벽 기도를 인도하였는데 처음은 200 명 나중에는 700 명이나 모였다.

유명한 설교가 스펄전 목사에게 한 기자가 질문을 하였다.
"어떻게 하여 스펄전 목사님은 설교를 유창하게 잘 하시며 교회가 부흥되는 것입니까 비결을 가르쳐 주세요?"
스펄전 목사는 기자를 데리고 지하로 갔다. 그곳에서는 300 명의 기도하는 성도들이 스펄전 목사님을 위해 기도하고 있었다.
"비결은 바로 여기에 있네."
길자연 목사에 따르면, 본인이 시무하는 왕성교회에는 365일 연속 기도순서 정하여 기도의 불길을 끄지 않고, 저녁마다 3,514명의 기도의 용사들이 길자연 목사를 위해 기도해 주고 있으므로 건강하게 활동한다고 하였다.
초대 오순절 성령 충만 강림 때에도 120 문도는 모여서 전혀 기도하였다.

   행 1:14 – 마음을 같이 하여 전혀 기도에 힘쓰니라

- 모여서 성경공부 사경회를 가졌다.
1903년 원산에서 하디 영국계 의료선교사를 모시고 성경공부를 하였는데, 울면서 강의를 하였다.

   눅 11:13, 너희가 악할지라도 좋은 것을 자식에게 줄 줄 알거든 하물며 너희 천부께서 구하는 자에게 성령을 주시지 않겠느냐

말씀을 강의하던 하디 선교사, "여러분, 알다시피 저는 토론토 의과 대학을 나왔다. 그래서 늘 의사라는 자부심을 갖고 교만하게 생활해 왔다. 백인 우월주의와 인종 편견에서 벗어나지 못하였음을 말씀을 통해 깨닫고 회개한다." 라고 하였다.

1906년, 존스턴 선교사가 평양에서 사경회를 인도하였다.
"저는 영국 웨일즈란 곳을 다녀왔습니다. 이반 로버츠 목사가 그때 일어나

말씀을 외칠 때 큰 부흥이 일어났습니다. 한 소녀가 짧은 말 한마디를 외쳤습니다.
'아, 나는 예수님을 정말 사랑해요'
이 말 한마디로 사경회 참석했던 웨일즈 시민들에게 성령의 불길이 일어났고 전 영국뿐 아니라 인도 미국에까지 소식이 알려졌습니다."
존스턴 선교사가 전해 준 말이 평양에도 알려지면서 부흥의 불길이 일어났다. 성령님은 말씀의 수레를 타고 역사하셨다.

성령의 역사가 있어야 부흥이 된다.

> 슥 4:6, 만군의 여호와께서 말씀하시되 이는 힘으로 되지 아니하며 능력으로 되지 아니하고 오직 나의 영으로 되느니라

초대교회 부흥, 영국 웨일즈의 부흥, 미국 무디의 부흥, 평양 장대현 교회의 부흥, 오늘 한국 교회의 부흥은 모두 성령의 역사함이다. 우리 교회에 부흥의 불길이 크게 일어나기를 소원한다.

온전한 십일조와 축복

말라기 3:8-12

1. 왜 십일조를 해야 합니까?

① 십분의 일은 하나님의 것이기 때문이다.

> 레 27:30, - 땅의 십분 일 곧 땅의 곡식이나 나무의 과실이나 그 십분 일은 여호와의 것이니 여호와께 성물이라

우리의 생명, 우리의 소유 모두가 하나님 주신 것인데 하나님은 하나님을 잘 섬기고 축복 받는 통로를 열어주신 것이 십일조 축복이다. 예수 믿으면 구원의 복을 받는 것이다. 십일조는 물질의 복을 받았음에 감사하는 비결인 것이다.

> 말 3:8, 사람이 어찌 하나님의 것을 도적질하겠느냐 그러나 너희는 나의 것을 도적질하고도 말하기를 우리가 어떻게 주의 것을 도적질하였나이까 하도다

이는 곧 십일조와 헌물이라 하였다.

하나님께서 십일조를 드리라고 명령하신 것은 성도들을 괴롭히고 못살게 하려고 한 것이 아니다. 십일조를 정성껏 드리는 것은 하나님의 주권을 인정하는 믿음이므로 그 믿음을 보시고 더욱 풍성한 복을 주시마 약속하셨다.

십일조는 복의 약속이다. 하나님은 십일조로 자신을 시험해 보라고 하셨다.

마 4:7, 예수께서 이르시되 또 기록되었으되 주 너의 하나님을 시험치 말라 하였느니라

그러나 십일조에 대한 하나님의 약속이 이루어지는가 아니한가를 시험해 보라고까지 하셨다.(시 7:12)

말 3:10, 만군의 여호와가 이르노라 너희의 온전한 십일조를 창고에 들여 나의 집에 양식이 있게 하고 그 것으로 나를 시험하여 내가 하늘 문을 열고 너희에게 복을 쌓을 곳이 없도록 붓지 아니하나 보라

황충을 금하여 토지소산을 멸하지 않게 하겠다고 약속하셨다.(말 3:11)

과목의 과실이 기한 전에 떨어지지 않게 하겠다고 약속하셨다.(말 3:11)

열방이 너희를 복되다 칭찬하리라 약속하셨다.(말 3:12)

예수님께서는 십일조를 드리라고 교훈하셨다.

눅 11:42, 주께서 이르시되 화 있을진저 너희 바리새인이여 너희가 박하와 운향과 모든 채소의 십일조를 드리되 공의와 하나님께 대한 사랑은 버리는도다 그러나 이것도 행하고 저것도 버리지 아니하여야 할지니라

그 십일조는 하나님께 대한 감사와 찬송의 표시이기 때문이다.

눅 21:2-4, 어떤 가난한 과부의 두 렙돈 넣는 것을 보시고 가라사대 내가 참으로 너희에게 말하노니 이 가난한 과부가 모든 사람보다 많이 넣었도다. 저들은 그 풍족한 중에서 헌금을 넣었거니와 이 과부는 그 구차한 중에서 자기의 있는 생활비 전부를 넣었느니라

고후 9:11, 너희가 모든 일에 부요하여 너그럽게 연보를 함은 저희를 우리로 말미암아 하나님께 감사하게 하는 것이라

2. 왜 십일조를 못하고 있을까요?

많은 사람들이 예수를 믿기 시작하면서 제일 시험받는 사항이 십일조 문제이다. 예수를 믿으면 구원을 얻는다. 구원 받기 위해서 교회에 왔더니 "다

른 것은 다 좋으나 돈 내라, 십일조 바치라고 하는 것에 거부반응이 생긴다"는 것이다.
- 믿음이 없는 연고이다. 하나님의 말씀대로 믿지 못하기 때문에 십일조를 할 수 없는 것이다.
- 빚이 있어 빚 때문에 못한다는 것이다. 사람들에게 빚지면 그 빚을 빨리 갚아야 드려야 빌려 쓸 수 없다. 신용문제이니까. 그러나 그것보다 더 신용을 지켜야 할 사항은 하나님께 빚진 것부터 갚아야 한다. 우선순위는 하나님 진 빚부터 같으시면 사람에게 빚진 것은 순식간에 갚을 수 있다. 하나님께서 복을 주시면 문제의 해결이 더 빨리 이루어진다는 것을 믿으시기 바란다.
- 십일조 하려고 하였더니 액수가 많아서 못 한다는 것이다. 수입이 적을 때 십일조를 드리기 쉽다. 그러나 수입이 천 단위가 되면 십일조가 억 단위로 올라간다. 계산을 잘 해보라? 십일조는 많이 드릴수록 많이 심는 것이기 때문에 더 많은 복을 받는 것이다.

십일조를 미루면 못하게 된다. 하루에 한 주간에, 한 달에 수입이 있으면 그때마다 바로 드려야지 미루고 모아두었다가 드리려 하다가는 시험에 듭니다. 잘못하면 빌려 쓰게 되고 못하게 된다.

십일조는 반드시 교회에 드려야 한다. 임의로 자선단체나 선교단체 또는 구제에 사용하는 것보다 제단에 드려야 한다. 하나님의 것이기 때문이다. 온전한 십일조 생활로 복을 받자.

돌이키게 하리라

말라기 4:1-6

1. 죄악의 생활에서 돌이키지 않으면 심판을 받는다

> 말 4:1, 만군의 여호와가 이르노라 보라 극렬한 풀무 불 같은 날이 이르리니 교만한 자와 악을 행하는 자는 다 초개 같을 것이라 그 이르는 날이 그들을 살라 그 뿌리와 가지를 남기지 아니할 것이로다

극한 풀무 불은 심판받은 자들이 가는 죽음의 불, 지옥의 불이다.

> 계 21:8, 두려워하는 자들과 믿지 아니하는 자들과 흉악한 자들과 살인자들과 행음자들과 술객들과 우상숭배자들과 모든 거짓말하는 자들로 불과 유황으로 타는 못에 참여하리니 이것이 둘째 사망이라

바벨론 왕국 느브갓네살 왕이 거대한 금 신상을 만들어 세우고 온 국민에서 절하게 하였다.(단 3:19) 하나님을 경외하는 세 청년 사드락과 메삭과 아벳느고가 우상이라고 절하는 것을 거절하자 칠 배나 뜨거운 풀무불에 사형시켰는데 동행하는 병정은 타 죽었으나 세 친구는 머리털도 그을리지 아니하였고 불탄 냄새도 없었다.

세례 요한의 설교,

> 마 3:8-12, 회개에 합당한 열매를 맺고 이미 도끼가 나무 뿌리에 놓였으니 좋은 열매 맺지 아니하는 나무마다 찍어 불에 던지우리라 알곡은 모아 곳간에 들이고 쭉정이는 깨지지 않는 불에 태우시리라

② 교만한 자는 돌이켜야 살 길이 열린다.

하나님은 교만한 자를 싫어하신다.

> 약 4:6 - 하나님이 교만한 자를 물리치시고 겸손한 자에게 은혜를 주신다 하였느니라

이스라엘의 초대 임금 사울 왕은 교만하다가 하나님께 버림받았다. 교만한 자리에 돌이켜 겸손한 자로 되어야 한다. 예수님은 말씀하셨다.

> 마 11:29, 나는 마음이 온유하고 겸손하니 나의 멍에를 메고 내게 배우라

혹이나 우리 자신 교만한 자가 아니었는지 말에나, 행동에 나. 마음에 교만이 있었다면 돌이켜야 한다. 회개하여야 한다.

③ 악을 행하는 자 돌이켜야 한다.

악을 행하는 자는 하나님 앞에서나 사람 앞에서 죄를 짓는 자이다.

> 롬 6:23, 죄의 삯은 사망이요 하나님의 은사는 그리스도 예수 우리 주 인에 있는 영생이니라

사람이 죄 짓고는 못 살게 된다. 죄를 지었으면 반드시 회개해야 하고 악행을 저지르는 자는 돌이켜 선행을 해야 한다.

세례 요한의 선포의 말씀,

> 눅 3:11-14, 옷 두벌 있는 자는 옷 없는 자에게 나눠 줄 것이요 먹을 것이 있는 자도 그렇게 할 것이니라 세리를 향하여는 정한 세 외에는 늑징치 말라 하고 군병들에게는 사람에게 강포하지 말며 무소하지 말고 받는 요를 족한 줄로 알라

2. 돌이켜 하나님을 경외하면 복을 받는다

말 4:2, 내 이름을 경외하는 너희에게는 의로운 해가 떠올라서 치료하는 광선을 발하리니 너희가 나가서 외양간에서 나온 송아지 같이 뛰리라

하나님을 경외하는 자의 축복의 말씀이다.

3. 돌이키게 하리라는 말씀의 뜻을 생각하자(말 4:6)

- 방향을 가르쳐 주시겠다는 뜻이다.
- 함께 동행 해 주시겠다는 뜻이다.

마 28:20, 세상 끝 날까지 너희와 항상 함께 있으리라

고아와 같이 버려두지 아니하고 회개하여 돌아오면 용서하신다는 뜻이다.(요 14:18)

사 1:18, 오라 우리가 서로 변론하자 너희 죄가 주홍 같을지라도 눈과 같이 희어질 것이요

호 14:11, 이스라엘아 네 하나님 여호와께로 돌아오라

주님께 쓰임 받는 나귀처럼

마태복음 21:1-11

1. 나귀를 타고 입성하신 예수님

예수님께서는 제자 일행들과 예루살렘 성 가까운 감람산 벳바게에 이르렀을 때에 두 제자에게, "맞은편 마을로 가서 나귀 새끼를 끌고 오너라 만일 누가 무슨 말을 하거든 주가 쓰시겠다 하라 그리하면 즉시 보내리라" 하셨다.(마 21:1-3)

제자들이 주님의 말씀에 순종하여 "나귀 새끼를 끌고 와서 자기들의 겉옷을 그 위에 얹으매 예수께서 타시고 무리들 대부분도 겉옷을 길에 펴며 다른 이는 종려나무가지를 꺾어 손에 들고 앞서고 뒤에 따르며 호산나 다윗의 자손이여 찬송하리로다 주의 이름으로 오시는 이여 가장 높은 곳에서 호산나 하며" 환호를 하였다.

- 나귀새끼는 사람을 한 번도 태운 적이 없는 짐승으로 주님께서 성스러운 목적에 쓰시는 것이다.(민 19:2, 신 21:3)
- 나귀를 타신 것은 예수님이 평화(사랑)의 왕을 상징한다.(사 9: 6-7)
- 나귀를 타신 것은 성취를 이루신 것이다.(슥 9:9, 마 21:5)
- 나귀를 타신 것은 겸손을 보여주신 것이다.

> 슥 9:9, 시온의 딸아 크게 기뻐할지어다 예루살렘 딸아 즐거이 부를 지어다 보라 네 왕이 네게 임하시나니 그는 공의로우시며 구원을 베푸시며 겸손하여서 나귀를 타시나니 나귀의 작은 것 곧 나귀 새끼니라

예수님의 겸손을 가장 잘 나타낸 성경 말씀이 있다.

빌 2:6-8, 그는 근본 하나님의 본체시나 하나님과 동등 됨을 취할 것으로 여기지 아니하시고 오히려 자기를 비어 종의 형체를 가지사 사람들과 같이 되셨고 사람의 모양으로 나타나사 자기를 낮추시고 죽기까지 복종하셨으니 곧 십자가에 죽으심이라

9-11, 이러므로 하나님이 그를 지극히 높여 이름 위에 뛰어난 이름을 주사 땅에 있는 자들과 땅 아래 있는 자들로 모든 무릎을 예수의 이름에 꿇게 하시고 모든 입을 예수 그리스도를 주라 시인하여 하나님 아버지께 영광을 돌리게 하셨느니라

예수님께서 친히 하신 말씀, 마 12:29-30, 나는 마음이 온유하고 겸손하니 나의 멍에를 메고 내게 배우라 그리하면 너희 마음이 쉼을 얻으리니 이는 내 멍에는 쉽고 내 짐은 가벼움이라 .

2. 주님께서 우리를 쓰시겠다고 하셨다.

마 11:28, 수고하고 무거운 짐진 자들아 다 내게로 오라 예수께서 이르시되 나를 따라오라 내가 너희로 사람을 낚는 어부가 되게 하리라

롬 12:2, 너희 몸을 하나님이 기뻐하신 거룩한 산 제물로 드리라 이는 너희가 드릴 영적예배니라

"만일 누가 무슨 말을 하거든 주가 쓰시겠다 하라"(마 21:3)는 말씀에 집중하자. 우리를 불러 주님이 쓰시겠다고 하실 때, 우리 자신을 주께서 쓰시도록 내어드리자. 사람이 하나님 영광을 위해 쓰여진다면 그보다 더 보람된 일이 어디 있겠는가?

주님의 열 두 제자는 그들의 생애를 주께 드렸고, 마리아는 값진 향유를 예수님께 장사를 위해 쓰이는 물질로 드렸다.(요 12:3-8, 마 26:6-13)

주님은 우리를 전도로 쓰시겠다고 하신다. 예수님께서 쓰실 수 있도록 복음사업에 사용된 이들과 물질을 하나님께서 기쁘게 받으시는 향기로운 제물이다.(빌 4:18)

롬 6:13, 너희 지체를 불의의 무기로 죄에게 내주지 말고 오직 너희 자신을 죽은 자 가운데서 다시 살아난 자 같이 하나님께 드리며 너희 지체를 의의 무기로 하나님께 드리라

잠 3:9-10, 네 재물과 네 소산물의 처음 익은 열매로 여호와를 공경하라 그리하면 네 창고가 가득히 차고 네 포도즙 틀에 새 포도즙이 넘치리라

미국에서 구두수선공 무디는 주님께 쓰임을 받자, 세계적인 복음 전하는 부흥사가 되었고, 무디 유치원 초등학교, 대학교, 대학원까지 세워져 훌륭한 인재를 양육하는 요람이 되었다. 주님께 쓰임 받는 자가 되자. 이 땅에 태어났다가 세상 사람들처럼 바람 부는 대로 물결치는 대로 살 것이 아니라 주님께 쓰임 받는 인재가 되자.

바울은 자신을,
- 만삭되지 못하여 난 자 같다고 하였다.(고전 15:8)
- 교회를 박해하는 자라 하였다.(고전 15:9)
- 핍박자요, 박해자요, 폭행자라 하였다.(딤전 1:13)
- 죄인 중에 괴수라고 하였다.(딤전 1:15)

주님께 붙들리고 성령 충만 받아 주님께 쓰임 받으니, 그는 새 사람으로 변화되었다. 오늘에는 기독교가 존경하는 대 사도가 되었고 성경을 13권을 기록하였고, 자신이 주님께로부터 면류관 받는 자라 하였다.

예수님이 창설하신 성만찬

마태복음 26:17-30

1. 성찬식은 예수님께서 우리에게 마련해 주신 식탁이다

식사시간이면 온 가족이 한 식탁에서 음식을 함께 먹는다. 음식은 한 가족이 함께 먹는 것이다. 낯선 사람과는 한 상에서 먹지 않는다. 따로 밥상을 준비해준다. 밥은 식구들과 함께 먹는 것이다. 원수들과 함께 먹지 않는다. 예수님과 함께 식사한다는 것은 예수님이 우리의 식구라는 뜻이다. 성찬식은 예수님께서 식탁을 준비하시고 우리를 가족으로 받아들이시고 예수님과 함께 식사를 하게 되었다. 이것이 얼마나 큰 특권이며 자랑거리인 줄 믿으시기 바란다.

2. 성찬에는 축복이 있고 신비가 있고 은혜가 있다

예수님이 준비하신 식탁의 음식에는 은혜가 있다. 그 음식은 주님의 몸을 상징하는 떡과 주님의 피를 상징하는 포도즙이다. 예수님의 살과 예수님의 피를 먹는 성찬은 은혜요, 신비요, 축복이 있다.

우리가 병들었을 때 약을 먹는다. 그러면 병이 낫는다. 건강을 위해서는 보약도 먹고 인삼이나 홍삼도 먹는다. 건강을 위해서는 보양식도 먹는다. 우리의 입으로 들어간 음식물은 몸속에서 소화되면서 피가 되고 살이 되며 건강을 유지하게 한다.

육신의 생명 연장과 건강을 위해 먹는 음식물도 우리에게 필요한 양식인 것처럼 성찬식 때 먹는 예수님의 몸과 예수님의 피는 우리 몸에 주입되면서 영적인 건강을 주신다. 죄로 오염된 동맥과 정맥이 정결케 된다. 성찬이 우리의 체내에 주입되면서 주님의 피 이심을 믿음으로 받아 잡수시기를 축원한다. 이 성찬식에 참예한 우리 모두는 축복받은 주님의 가족이다. 이 떡과 잔을 받아먹을 수 있기까지 우리 믿음의 선조들이 얼마나 많은 투쟁과 피를 흘렸는지 아는가?

3. 성찬은 왕 같은 제사장들이 먹는 특권

벧전 2:9, 너희는 택하신 족속이요 왕 같은 제사장이요 거룩한 나라요 그의 소유가 된 백성이니 이는 너희를 어두운데서 불러내어 그의 기이한 빛에 들어가게 하신이의 아름다운 덕을 선포하게 하려 하심이라

이 말씀을 근거로 종교개혁자 마틴 루터는 로마 교황이나 신부들만 제사장이 아니라 모든 믿는 지들은 예수 그리스도의 피를 의지하여 하나님께 직접 죄를 회개하고 용서받고 예배를 드릴 수 있다고 증언하였다.

오늘날, 예수를 구주로 믿고 세례 받은 성도는 떡과 포도즙도 다 먹을 수 있는 특권을 받는 것이다.

천주교에서는 성찬식 때 전병으로 된 떡만 입에 넣어 주고 잔은 주지 않는다. 입에 들어간 전병을 씹어 먹지 못하게 한다. 예수님의 고귀한 살을 어떻게 씹어 먹을 수 있느냐 하는 것이다. 그리고 잔은 신부만 먹는다.

그러나 우리가 떡과 잔을 함께 받아먹고 마시는 것을 큰 영광으로 알아야 한다. 천주교에서는 감히 예수님의 피에 일반 신도들은 참여할 수 없다는 것이다. 그 이유는?,

- 성만찬에 참석한 자들은 예수님의 제자들뿐이었다는 것이다.(마 26:17 -30)

신부는 예수의 제자이기 때문에 떡과 잔을 받을 수 있으나 평신도는 참여할 수 없다는 근거라는 것이다.
- 죄 문제이다.
인류의 모든 죄는 예수님 피 공로로 죄사함 받는다. 천주교는 평신도는 직접 죄 용서함을 받을 수가 없다는 것이다. 신도들은 반드시 신부(사제)들에게 일 년에 몇 차례 의무적으로 고백성사를 해야 한다.
그러면 신부가 교인의 죄를 대신하여 하나님께 간구하여 죄 용서함의 권한을 받아 교인들의 죄를 용서해주는 것이다.

체코의 안 후스는 프라하대학 총장으로 로마 교황에게 신부들만 잔을 주지 말고, 평신도들에게도 잔을 주어야 한다고 강력히 주장하다가 화형을 당하였다. 그 후에, 계속해서 종교개혁자들이 떡과 잔을 함께 먹을 수 있도록 교황청에 요구 마침내 개신교가 탄생되었다. 예수님이 창설하신 성만찬식에 참석하신 여러분에게 주님의 은총이 함께 하시기를 축원한다.

예수님의 거룩한 습관을 본받자

마가복음 1:35-39

1. 예수님은 기도하시는 거룩한 습관을 가지셨다.

눅 22:39-41, 예수께서 나가사 습관을 따라 감람산에 가시매 제자들도 따라갔더니 그 곳에 이르러 그들에게 이르시되 유혹에 빠지지 않게 기도하라 하시고 그들을 떠나 돌 던질 만큼 가서 무릎을 꿇고 기도하여

- 예수님은 40일 금식 기도하셨다.
- 예수님은 밤이 새도록 기도하신 후에 열 두 제자를 선택하셨다.
- 예수님은 한적한 곳에 가시셔 기도하셨다.
- 예수님은 음식 잡수실 때마다 기도하셨다.
- 예수님은 땀을 흘리시며 기도하셨다.

2. 예수님은 성전에 가시는 습관을 가지셨다

눅 2:42, 예수께서 열 두 살 되었을 때에 그들이 이 절기의 관례를 따라 올라갔다가

절기의 관례를 따라 올라갔다는 것은 '습관을 따라서'와 같은 말이다. 예수 믿는 성도는 주일에 교회 출석하여 예배드리는 습관을 가져야 한다. 부모는 자녀들을 주일에는 교회로 데려가서 예배드리는 습관을 가르쳐야 한다.

눅 2:22, 모세의 법대로 정결예식의 날이 차매 아기를 데리고 예루살

렘에 올라가니

1924년, 파리 올림픽 경기 100m 육상경기 영국의 금메달 유망주 에릭 리들은 자신이 뛰어야 할 경기가 주일에 있음을 알고, "저는 주일에는 뛰지 않습니다."라고 결단하였다. 영국 국민뿐 아니리 전 세계 사람들과 언론들이 비난을 하였다. 옹졸한 신앙인 배신자 사람들은 냉소했다.

국민의 분노와 온깃 비난 속에도 에릭 리들은 주일을 지키기 위해 지신의 주 종목인 100m 단거리 경주를 포기하였다. 그러니 우여곡절 끝에 100m 경기대신 400m경기에 나갈 수 있게 되었고 혼신의 역주 끝에 세계신기록 금메달을 목에 걸었다.

경기 후에, 인터뷰에서 에릭 리들은 말하였다.

"400m에서 승리한 비결은 처음 200m은 제가 최선을 다해 빨리 달렸고 나머지 200m은 하나님의 도우심으로 더 빨리 달릴 수 있었다. 나의 인생의 우선순위는 주일성수, 하나님을 기쁘게 해 드리는 일이다. 신자와 불신자의 구별은 주일에 교회에 가서 하나님께 예배하는 자는 신자요, 주일에 교회 가지 않는 자는 불신자이다."

교인이라면 주일에 습관적으로 교회에 가야한다.

3. 예수님은 성경 읽으시는 습관을 가지셨다.

눅 4:16, 예수께서 그 자라나 신 곳 나사렛 에 이르사 안식일에 늘 하시던 대로(자기 규례대로) 성경을 읽으려고 서시매,

늘 하시던 대로=습관대로란 뜻이다.

예수님은 마귀에게 시험받으실 때도, 신 8:3, 6:13. 16의 말씀으로 물리치셨다. 다윗 왕은 복 있는 사람은 "오직 여호와의 율법을 즐거워하여 그의 율법을 주야로 묵상하는도다".(시 1:2) 라고 하였다.

> 딤후 3:15, 어려서부터 성경을 알았나니 성경은 능히 너로 하여금 그리스도 예수 안에 있는 믿음으로 말미암아 구원에 이르는 지혜가 있게 하느니라

좋은 책을 많이 읽는 민족이 선진국이다. 성경을 애독하는 백성이 잘사는 것을 알 수 있다. 영국 미국 등 기독교 국가에서는 대통령이나 중요 국가 요직에 취임할 때 성경에 손을 얹고 취임선서를 한다.

4. 예수님은 습관적으로 전도를 하셨다

> 막 1:38-39, 이르시되 우리가 다른 가까운 마을들로 가자 거기서도 전도하리니 이를 위하여 왔노라 하시고 이에 온 갈릴리에 다니시며 그들의 여러 회당에서 전도하시고 또 귀신들을 내쫓으시더라 거기서도 전도하시더라

여러 회당에서 전도하시고 예수님은 가시는 곳마다 습관적으로 전도하셨다는 말씀이다. "인자가 온 것은 잃어버린 자를 찾아 구원하려 함이라"(눅 19:10)하시고, 여리고 성에 있는 세리장 삭개오를 찾아 전도하시고, 아브라함의 자손임을 확인시키신 예수님이시다.

예수님이 하신 시역을 잘 표현한 성구가 있다.

> 마 9:35, 예수께서 모든 도시의 마을에 두루 다니사 그들의 회당에서 가르치시며 천국 복음을 전파하시며 모든 병과 모든 약한 것을 고치시니라

예수님의 가르치심도, 예수님의 병 고침도, 모두 전도를 위한 것임을 알 수 있다. 전도를 위해 오신 주님은 전도할 것을 명령하셨다.

어린 아이들에게 안수하고 축복하자

마가복음 10:13-16

1. 예수님께(교회)로 자녀들을 인도하자

막 10:13, 사람들이 예수께서 만져 주심을 바라고 어린 아이들을 데리고 오매

유대인들은 자녀들이 장래 위대한 사람이 되기를 바라고 회당에 데려가 랍비에게 축복받는 전통이 있었다. 제사장이 이스라엘 자손을 위하여 축복을 하면 하나님께서 그들에게 복을 주신다고 하셨다.(민 6:22-27)

한나는 젖 뗀 사무엘을 엘리 제사장에게 맡겨서 저에게 수업 받아 후일 유명한 선지자, 사사, 이스라엘의 국부가 되었다.(삼상 1:24-8절)

예수님께 출생 하신 후에 정결 예식을 수행하시려고 예루살렘 성전에 갔을 때 시므온이 예수님을 안고 축복하였으며(눅 2:22-35) 또 아셀 지파 바누엘의 딸 안나도 예수님께 축복을 하였다. 예수님은 12살 때도 성전에 가셔서 율법 선생들과 변론하셨다.(눅 2: 41-51)

자녀들을 교회로 인도하여야 한다. 어른들은 자의로 올 수 있지만, 어린 자녀들은 부모가 함께 교회로 데려와야 한다. 요즘의 어린이들은 주일이면 컴퓨터 앞에 앉아서 게임하느라고 교회에 오는 것을 잊어버린다. 전자오락실에 가느라고 교회에 오는 것을 잊어버린다.

그렇게 자라난 자녀들 장래가 어떻게 될까? 부모는 신앙생활 잘하는데 아들, 딸들은 교회와 거리가 멀어지면 예수님을 만날 수 없다.

2. 자녀와 어린이 들을 사랑하자

비정한 부모들이 있다. 친자녀를 학대한다. 자녀들을 돈벌이 수단 삼는 악덕부모도 있다. 자기 자식도 사랑하지 않으면서 다른 어린이를 사랑 할 수 있을까? 어린이를 사랑해야 한다.

어린이는 사랑을 먹고 자란다는 것을 기억하여야 한다. 예수님은 어린이들을 극진히 사랑하셨다.

예수님은 "어린 아이들이 내게 오는 것을 용납하고 금하지 말라" 하시고 그들을 안아 주셨다.(막 10:14) 예수님은 어린 아이의 인격을 존중해 주셨다.

> 막 10:14-15, 하나님의 나라가 이런 자의 것이니라 누구든지 하나님의 나라를 어린아이와 같이 받들지 않는 자는 결단코 그 곳에 들어가지 못하리라

예수님은 어린 아이가 가져온 보리떡 다섯 개 물고기 두 마리를 받으시고 축복하셨다. 어린 아이의 선물을 무시하지 않으셨다.(마 14:13~21)

3. 예수님의 말씀, 성경을 가르쳐야 한다

성경은 구원을 얻는 지혜서이다.(딤후 3:14-17)

> 신 6:4-9, 쉐마교육 7절, 네 자녀에게 부지런히 가르치며 집에 앉았을 때에든지 길을 갈 때에든지 누워 있을 때에든지 일어날 때에든지 이 말씀을 강론할 것이며

- 창조주 하나님을 섬길 것을 가르쳐야 한다.
- 부모를 공경할 것을 가르쳐야 한다.(엡 6:1-4)
- 애국할 것을 가르쳐야 한다.
- 자연을 사랑하고 보호할 것을 가르쳐야 한다.
- 이웃과 인류를 위하여 봉사하고 섬길 것을 가르쳐야 한다.

- 신앙생활을 잘 하도록 가르쳐야 한다.

자녀들은 부모를 본받아 배운다. 주일예배 드리는 것, 십일조 생활하는 것, 기도하는 것, 성경을 항상 읽는 것, 어거스틴은 어머니 모니카의 신앙생활을 보고 성자 어거스틴으로 변화되었다.

4. '예수님처럼 안고 안수하고, 축복해 주십시다'

막 10:16, 그 어린 아이들을 안고 그들 위에 안수하고 축복하시니라

어린아이를 안아 주자. 머리 위에 손을 얹고 축복기도 해주자. 성경을 보면 믿음의 위인들은 자녀의 미래를 축복하였다 믿음으로 이삭은 야곱에게 축복하였으며(히 11:20-21) 야곱은 요셉의 두 아들에게 축복하였다.

부모는 하나님의 대리자이다. 부모는 자녀에게 축복권이 있다. 말씀의 대리자이다. 신앙 전수권 대리자이다.

노아는 큰 아들과 셋째 아들에게 축복하고, 둘째 아들에게는 저주를 하였다.(창 9:25-27) 자녀에게는 항상 축복만 하자.

예수님과 삭개오

누가복음 19:1-10

1. 삭개오를 심방하시는 예수님

많은 사람이 예수님을 옹위해 가는데 삭개오는 예수님의 얼굴 모습을 볼 수가 없었다. 첫째는 자신의 키가 작았기 때문이요, 둘째는 많은 사람들 때문이었다. 그렇다고 예수님 만나보기 좋은 찬스를 놓칠 수 없었다. 예수님은 하나님의 아들이시다.

삭개오 세리장은 사람들의 눈을 의식하지 않고 예수님 지나가는 곳에 돌무화과나무가 있는 것을 보고 나무 위로 올라갔다. 자신의 키가 작으니 높은 곳을 올라가면 볼 수 있겠다는 생각이었다.

2. 예수님을 영접한 삭개오

예수님이 삭개오의 마음을 아시고 나무 밑으로 오시더니 "삭개오야 속히 내려오라 내가 오늘 네 집에 유하여야 하겠다."라고 하셨다. 예수님의 얼굴 한번 보기를 원했는데 예수님이 자신의 집에서 유하시겠다고 하니 얼마나 감격 감사하였던지 급히 내려와 즐거워하며 집으로 영접하였다.(눅 19:5)

> 요 1:11-12, 자기 땅에 오매 백성이 영접하지 아니하였으나 영접하는 자 곧 그 이름을 믿는 자들에게는 하나님의 자녀가 되는 권세를 주셨으니

그런데 뭇 사람들이 삭개오의 집에 들어 가시는 예수님을 향해 수군거렸

다. 흉을 보았다.

> 눅 19:7, 죄인의 집에 유하러 들어갔더라 하더라

세리는 그 당시에, 로마정부로부터 유대인들의 세금을 걷어 들이는 업무를 맡은 자로 유대인들은 동족의 혈세를 착취하는 죄인으로 취급받는 직업인이었다. 더구나 세리장은 더 나쁜 사람으로 취급당하였다.

예수님께서 하신 말씀이 있다.

> 마 9:12-13, 건강한 자에게는 의사가 쓸 데 없고 병든 자에게라야 쓸 데 있느니라 너희는 가서 내가 긍휼을 원하고 제사를 원하지 아니하노라 하신 뜻이 무엇인지 배우라 나는 의인을 부르러 온 것이 아니라 죄인을 부르러 왔노라

예수님이 여리고로 들어오신 이유도 죄인 취급받고, 유대인 자기 동족들로부터 버림받은 삭개오를 부르러 오신 것이다.

3. 잃어버린 자를 찾아오신 예수님

> 눅 19:9-10, 예수께서 이르시되 오늘 구원이 이 집에 이르렀으니 이 사람도 아브라함의 자손임이로다 인자가 온 것은 잃어버린 자를 찾아 구원하려함이니라

삭개오는 예수님을 자기 집에 영접하면서 즐거움이 넘쳤고 그의 마음이 변화를 받았다. 욕심을 부리고 동족으로부터 받은 세금으로 부자 되기에 혈안이 되었던 그가 예수님께 자신의 소유 절반을 가난한 자들에게 주겠다는 것이다. 또 만일 누구의 것을 속여 빼앗은 일이 있으면 네 갑절로 갚겠다는 것이다.(눅 19:8)

예수님은 세상 사람들로부터 죄인 취급을 하는 버림받은 자를 찾아 전도하셨다. 예수님 때문에 삭개오는 아브라함 자손으로 인정을 받았고, 선한 투자를 하는 새 사람으로 변화 받았다. 무엇보다 구원의 보장을 받았다. 삭

개오의 온 가족이 구원의 축복을 받았다.

예수님께서 이 땅에 오신 목적, 활동하신 생애는 모두 잃어버린 자를 찾아 구원하는 삶이셨다. 다른 말로, 예수님은 전도하러 오셨다.

4. 예수님은 전도하러 오셨다

막 1:38, 이르시되 우리가 다른 가까운 마을들로 가자 거기서도 전도하리니 내가 이를 위하여 왔노라

딤후 4:2, 너는 말씀을 전파하라 때를 얻든지 못 얻든지 항상 힘쓰라

미국 시카고 윌로우 크릭 교회의 빌 하이벨스 목사는 "교회가 존재하는 이유는 열과 성을 다해서 불신자 전도하는 일이다."라고 하였다. 전도를 위해 잡화점 세탁소 식품점, 식당, 이발소를 지정해서 고객이 되어 주고, 감사의 말을 하자.

5. 예수의님 유언 - 무엇일까? 전도하라는 것

마 28:19, 너희는 가서 모든 민족을 제자로 삼아 아버지와 아들과 성령의 이름으로 세례를 베풀고 내가너희에게 분부한 모든 것을 가르쳐 지키게 하라

막 16:15, 너희는 온 천하에 다니며 만민에게 복음을 전파하라

행 1:8, 오직 성령이 너희에게 임하시면 너희가 권능을 받고 예루살렘과 온 유대와 사마리아와 땅 끝까지 내 증인이 되리라

셋째 묶음

부활하신 예수님을 만나라_눅 24:28-35

예수님의 감사생활을 본받자_요 6:1-13

양의 문이 되시는 선한 목자 예수님_요 10:1-28

영원한 친구 예수님_요 15:13-19

부활 신앙인으로 변화되자_행 2:21-42

성령이 충만한 사람_행 4:5-12

십자가와 성찬의 능력_고전 1:17-18

성찬-대속의 은혜를 기념하는 예식_고전 11:23-32

믿음, 소망, 사랑이 넘치는 교회_고전 13:13

고난을 축복으로 바꾸라_고후 1:31

많이 심는 자, 많이 거두어들이다_고후 9:5-15

예수님이 주신 참 자유_갈 5:1,13-15

은혜와 평강의 축복이_엡 1:1-14

지혜 있는 성도의 삶의 자세_엡 5:15-21

예수님의 겸손을 본받자_빌 2:1-11

부활하신 예수님을 만나라

누가복음 24:28-35

1. 기독교는 빈 무덤의 종교이다

안식 후 첫날 새벽, 예수님을 따르던 여자들은 예수님 십자가 곁에서 끝까지 죽음을 지켜보고 무덤에까지 장사지내는 것까지 동참했던 그들은 예비한 향품을 갖고 무덤을 찾아갔다.(눅 24:1-10) 향품은 시체를 썩지 않게 하는 방부제 역할을 한다.(눅 23:55-24:1)

무덤에 가서 보니 돌이 굴려 옮겨졌고 무덤 안에는 예수님의 시체가 보이지 않고 두 천사가,

> 눅 24:5-7, 어찌하여 살아 있는 자를 죽은자 가운데서 찾느냐 여기 계시지 않고 살아나셨느니라 갈릴리에 계실 때에 너희에게 어떻게 말씀하셨는지를 기억하라 이르기를 인자가 죄인의 손에 넘겨져 십자가에 못 박히고 제 삼일에 다시 살아나야 하리라 하셨느니라

이 말씀은 예수님께서 제자들에게 자신의 죽음과 부활을 예고하신 말씀의 성취였다.(눅 9:22) 여인들은 막달라 마리아, 요안나, 야고보의 모친 마리아 그리고 다른 여자도 함께 듣고 그 길로 제자들이 있는 곳으로 달려가서 열한 사도에게 알려주었다.

베드로가 그 말을 듣고 일어나 무덤으로 달려가 들여다보니 세마포만 보이고 예수님은 보이지 않았다. 왜 그럴까? 예수님은 부활하셨기 때문이었다. 예수님의 무덤은 시체가 없는 빈 무덤이다. 아멘. 타 종교는 교주의 무덤을 자랑한다. 그러나 기독교는 빈 무덤의 종교이다.

2. 예수님의 부활은 역사적인 사건이요 사실이다

예수님의의 부활은 역사적인 과정을 거친 사건이다. 성경은 예수님께서 십자가 위에서 죽임을 당한 사실, 장례된 사실을 분명히 밝히고 있다.

> 고전 15:3-4, 내가 받은 것을 먼저 너희에게 전하였노니 이는 성경대로 그리스도께서 우리 죄를 위하여 죽으시고 장사 지낸 자 되셨다가 성경대로 사흘 만에 다시 살아나셨다.

예수님의 부활을 체험한 사도들의 증언이 이를 증명하고 있다.

> 고전 15:5-6, 게바에게 보이시고 후에 열 두 제자에게와 후에 오백여 형제에게 일시에 보이셨다.

예수님의 부활이 역사적인 사실임은 예수님의 무덤을 지키던 로마의 군병들과 대제사장들이 밝혀 주었다.

> 마 27:62-66, 그 이튿날은 준비일 다음 날이라 대 제사장들과 바리세인들이 함께 빌라도에게 모여 이르되 주여 저 속이던 자가 살아 있을 때에 말하되 내가 사흘 후에 다시 살아나리라 한 것을 우리가 기억하노니 그러므로 명령하여 그 무덤을 사흘까지 굳게 지키게 하소서 그의 제자들이 와서 시체를 도적질하여 가고 백성에게 말하되 그가 죽은 자 가운데서 다시 살아났다 하면 후의 속임이 전보다 더 클까 하나이다 하니 빌라도가 이르되 너희에게 경비병이 있으니 가서 힘대로 굳게 지키라 하거늘 그들이 경비병과 함께 가서 돌을 인봉하고 무덤을 굳게 지키니라

3. 부활하신 예수님을 만난 제자들의 삶을 보면 확실하다

본문은 엠마오로 실의에 빠져 내려가던 두 제자의 예수님을 만난 사건의 기록으로서 한 사람은 글로바이고 한 사람은 이름이 없다.(눅 24:17-18) 예수님의 제자로 3년 동안 이스라엘의 구주로 믿고 따랐는데(눅 24:21) 십자가에 못 박혀 죽고 무덤에 장사지낸바 되었고 사흘 되는 안식 후 첫날 새

벽 어떤 여자들이 무덤을 찾아 갔다가 시체를 보지도 못하고 와서 보고하는 내용은 '예수가 살았다 하지만 믿을 수 없다'는 것이었다.
이때 동행하시던 예수님께서 말씀하셨다.

> 눅 24:25-32, 미련하고 선지자의 글로 시작하여 설명하자 그들의 마음이 뜨겁지 아니하더냐 그들의 날이 저물어 유숙하는 장소에 가서 함께 음식을 먹을 때 떡을 갖고 축사하시사 저들의 눈이 밝아져 부활하신 예수님을 알아 본 것이다.(눅 24:29-31)

그 길로 다시 예루살렘의 제자들이 모여 있는 곳을 찾아가 부활의 주님을 증언하였다. 예수님 사망 당시에, 낙담하여 비겁하게 예수를 부인하고 도망하였던 제자들이 예수님의 부활하셨음을 확인하고 난 후에, 완전 변화되어 예수 부활을 목숨 걸고 증거하는 증인들이 되었다.

예수님의 감사생활을 본받자

요한복음 6:1-13

1. 감사할 수 없는 환경에서도 예수님은 감사하셨다.

예수님께서 가시는 곳에는 항상 많은 무리가 따라 다녔다. 벳새다란 빈 들판에 많은 무리가 예수님을 따라 왔다.(눅 9:12) 제자들이 예수님께 "때가 저물었고 이곳은 빈들이다. 무리를 보내어 촌과 마을로 가서 무엇을 사먹게 하옵소서."라고 진언을 하였다.

이때 예수님은 제자들의 말을 들으시고, "너희가 먹을 것을 주라"(눅 9:13)고 하셨다. 예수님은 빌립에게 물으셨다. "우리가 어디서 떡을 사서 이 사람들을 먹이겠느냐."(요 6:5)

빌립 제자가 대답한다. "각 사람으로 조금씩 받게 할지라도 이백 데나리온의 떡이 부족하리이다."(요 67) 당시에, 한 데나리온은 당시 노동자의 하루 품삯이다. 이백 데나리온이면 200일 노동자의 품삯이니 상당히 많은 금액이었다.

　마 14:21, 먹은 사람은 여자와 어린이 외에 오천 명이나 되었더라

여자 어린이, 남자 합하면 1만5천 명이나 되는 수효이다. 때는 저물었고, 장소는 빈 들판이고, 사람은 많고, 어떻게 이들에게 먹을 것을 공급할 수 있겠는가? 불가능한 일이다.

그런데 예수님께서 먹을 것을 주라고 하시니 제자들은 황당하였다. 불평이 터져 나왔다. '예수님은 분위기도 파악 못하시나 봅니다.' 그래서 빌립은.

"이백 데나리온의 떡으로 조금씩 주어도 부족하다"고 하였다.

2. 예수님은 창조자 하나님이시다

제자 중 시몬 베드로의 동생 안드레가 예수님의 말씀을 듣고 많은 무리 중에서 한 어린아이가 보리떡 다섯 개 물고기 두 마리를 갖고 있는 것을 발견하고 예수님에게로 가져갔다.(요 6:8~9) 안드레는 전도자의 모델이다. 안드레 전도법을 배울 필요가 있다.

예수님께 갖다 드리면서 "그것이 이 많은 사람에게 얼마나 되겠사옵나이까"(요 6:9)라고 하였다. 떡 다섯 개와 물고기 두 마리는 한 어린아이가 점심 한 끼 먹을 정도의 적은 분량이다. 예수님은 그 떡과 물고기를 받으셨다. 예수님은 왜 이것 밖에 없느냐고 책망하지 않으셨다. 예수님은 창조자 하나님이시다. 있게도 하시고 없게도 하시는 칭조자 이시다.

- 갈릴리 가나 혼인잔치 집에 포도주가 떨어지자 두세 통 드는 돌 항아리 여섯 통에 물을 채우게 하시고 물이 변하여 포도주 그것도 아주 좋은 포도주로 변화시켜 축하하셨다(요 2:6-10)

3. 예수님은 음식에 축복하고, 감사의 기도를 하셨다

추석명절을 주신 하나님께 감사하자. 태풍과 계속되는 장마로 농산물의 가격 들의 장바구니가 풍성하지 못하다고 한다. 가정주부들의 장바구니가 풍성하게 구입 못하기 때문이다. 그러나 불평보다 감사하자. 우리나라는 하나님이 보호하사 먹을 양식이 풍요롭다.

하나님께 감사해야 한다. 예수님은 적은 음식을 받으시고 감사기도를 하셨다. 우리도 식사 전에는 반드시 기도해야 한다. 꼭 매끼 먹을 때마다 감사기도를 해야 한다. 예수님은 음식 잡수실 때마다 기도의 모범을 보이셨다.

식사기도의 거룩한 습관 우리도 생활화·체질화 하자.

마 26:27을 보면 주 예수님은 감사기도 하시고 떡을 포도주를 나누어주셨다. 예수님은 주기도문을 가르치실 때도 오늘 우리에게 일용할 양식을 주사옵고"(마 6:11) 라고 기도하도록 가르쳐주셨다.

4. 예수님의 감사 축복기도가 기적을 창출하였다

예수님께서 떡을 가져 축사하신 후에, 하나님께 감사하셨다. 그리고 축복하셨다. 1만5천 명에 한 어린아이의 점심 먹을 양식에 감사기도 하였더니 저들 원대로 주고도 열 두 바구니가 남았다.

스펄전 목사는 - "한 자루의 촛불을 인하여 감사하는 자에게는 별빛을 주시고 별빛을 인하여 감사하는 자에게는 달빛을 주시고 달빛을 인하여 감사하는 지에게는 햇빛을 주시고 햇빛을 인하여 감사하는 자에게는 햇빛도 필요 없는 천국을 주신다."고 하였다.

> 살전 5:18, 범사에 감사하라 이것이 그리스도 예수 안에서 너희를 향하신 하나님의 뜻이니라

감사생활이 오늘 현재, 지금 계속 이어지도록 하자.

양의 문이 되시는 선한 목자 예수님

요한복음 10:1-28

1. 예수님은 양의 문이시다

목자는 아침이면 양떼들이 지내는 우리에서 양을 불러내어 풀을 먹이기 위해 초장으로 나아간다. 그리고 양떼들이 풀을 먹는 동안 목자는 양들을 안전하게 보호하기 위하여 파수꾼의 역할을 한다.

양을 헤치는 짐승이 나타났다 하면 목자는 갖고 있는 지팡이로 짐승들을 막아낸다. 그리고 저녁이 되면 양들을 우리에 안전하게 들이는 일을 한다. 우리에 양들을 들여보낼 때와 들판으로 나갈 때 목자는 양들의 이름을 부르고 숫자를 헤아리고 양들의 상태를 살펴본다.

오늘, 우리 교회에 출입하시는 성도들의 신앙상태, 건강상태를 양의 문이 되신 예수님이 일일이 점검하고 계신다는 것을 믿으시기 바란다. 목사, 장로님, 권사님, 구역 권찰님들께는 예수님에게 위탁을 받은 직무가 있으니 자신의 구역이나 기관의 성도, 어린 생명까지 이름을 부르고 상태를 살피는 예수님의 대행자이심을 알아야 한다.

> 요 10:9, 내가 문이니 나로 말미암아 들어가면 구원을 받고 또는 들어가며 나오며 꼴을 얻으리라

2. 선한 목자 되신 예수님

"나는 선한 목자라."(요 10:11,14) 예수님은 자신이 선한 목자라 하시면서

선한 목자가 하는 역할을 말씀하셨다.

산한 목자는 헌신적으로 양을 보살피는 일을 한다.

선한 목자는 자신보다 양을 위하여 목숨을 아끼지 아니하신다. 다윗이 목동의 역할을 설명하였다.

> 삼상 17:34-35, 다윗이 사울에게 말하되 주의 종이 아버지의 양을 지킬 때에 사자나 곰이 와서 양 떼에서 새끼를 물어 가면 내가 따라가서 그것을 치고 그 입에서 새끼를 건져내었고 그것이 일어나 나를 해하고자 하면 내가 그 수염을 잡고 그것을 쳐죽였나이다

> 요 10:11, 나는 선한 목자라 선한 목자는 양들을 위하여 목숨을 버리거니와

> 요 10:15, 나는 양들을 위하여 목숨을 버리노라

선한 목자는 양을 사랑한다.

선한 목자는 양들을 친밀하게 보살피고 사랑한다.

> 요 10:3~4, 문지기는 그를 위하여 문을 열고 양은 그의 음성을 듣나니 그가 자기의 양의 이름을 듣나니 그가 자기 양의 이름을 각각 불러 인도하여 내느니라 자기 양을 다 내놓은 후에 앞서 가면 양들이 그의 음성을 아는고로 따라오되

> 요 10:14, 나는 선한 목자라 내가 내 양을 알고 양도 나를 아는 것이

양과 목자는 서로가 잘 아는 사이이다. 양의 이름도 알고, 양을 사랑하기 때문에 양이 목자를 따른다. 예수님께서 우리의 선한 목자 되심을 믿으시기 바란다. 예수님은 여러분의 이름을 천국 생명책에 기록해 놓으셨다. 천국 문에 들어가면 목자장 되신 예수님께서 여러분의 이름을 부르며 반갑게 맞아 주실 것이다.

3. 예수님은 하나님의 아들이시다

> 요 10:36-38, 아버지께서 거룩하게 하사 세상에 보내신 자가 나는 하나님의 아들이라 하는 것으로 너희가 어찌 신성모독이라 하느냐 만일 내가 내 아버지의 일을 행하지 아니하거든 나를 믿지 말려니와 내가 행하거든 나를 믿지 아니할지라도 그 일은 믿으라 그러면 너희가 아버지께서 내 안에 계시고 내가 아버지 안에 있음을 깨달아 알리라

예수님은 하나님의 아들이신 신성을 가진 참 하나님이시다. 예수님은 인류의 죄를 구속하려고 인간의 몸을 입고 오신 참사람을 가지셨다. 참 하나님이시요, 참 사람이신 예수님이시라 인류의 구원자가 되신다.

> 요 1:14, 말씀이 육신이 되어 우리 가운데 거하시매 우리가 그의 영광을 보니 아버지의 독생자의 영광이요 은혜와 진리가 충만하더라

예수님은 우리의 참 목자이시다. 예수님은 양의 문이시다. 예수님은 하나님의 아들이시다. 그러므로 예수님은 우리 인류의 소망이 되신다.

4. 예수님은 온 인류의 소망이시다

예수님의 이 땅에 오셔서 하신 모든 사역은 곧 하나님의 일이셨다. 예수님께 나아가는 자는 어떤 문제든지 해결을 받았다.

- 가나의 혼인잔치에서 물이 변하여 포도주가 되게 하셨다.
- 풍랑을 잔잔케 하셨다.
- 보리떡 다섯 개와 물고기 두 마리로 오천 명을 먹이시고도 열두 광주리가 남았다.
- "네 죄 사함을 받았느니라." 죄 사함의 권세도 가지셨다
- 죽은 자도 살리시는 하나님의 일을 하셨다.

영원한 친구 예수님

요한복음 15:13-19

1. 예수님은 영원히 내 친구가 되어 주신다

마태복음 28:20은 예수님의 지상명령이다. 주님께서 약속하셨다.

> 마 28:20, 내가 너희에게 분부한 모든 것을 가르쳐 지키게 하라 볼지어다 내가 세상 끝 날까지 너희와 항상 함께 있으리라

예수님은 보혜사 성령으로, 진리의 영으로 우리와 함께 하신다.

> 요 14:16-17, 내가 아버지께 구하겠으니 그가 또 다른 보혜사를 너희에게 주사 영원토록 너희와 함께 있게 하리니 그는 진리의 영이라 세상은 능히 그를 받지 못하나니 이는 그를 보지도 못하고 알지도 못함이라 그러나 너희는 그를 아나니 그는 너희와 함께 거하심이요 또 너희 속에 계시겠음이라

> 18절, 내가 너희를 고아와 같이 버려두지 아니하고 너희에게로 오리라

그렇다. 보혜사란 말의 원어는 파라클레토스($\pi\alpha\rho\alpha$ 곁에, $\kappa\alpha\lambda\epsilon o\lambda$ 부르다) 곁에 부름을 받아 함께 계시는 분이란 뜻이다. 성령님으로 주님께서 지금도 변함없이 우리와 함께 친구가 되어 함께 하고 계신다. 보혜사를 "너희에게 주사 영원토록 함께 하시겠다"고 약속하셨다.

2. 예수님이 우리를 택하여 친구 삼으셨다

죄인은 의인과 함께 있을 수 없다. 더구나 우리 인생이 어떻게 하나님의 아

들 예수님의 친구가 될 수 있겠는가?

그런데 예수님이 우리를 친구로 택하여 주신 것이다. 죄의 종인 우리가 어떻게 하나님의 거룩하신 독생자 예수님을 친구라 할 수 있을까? 하나님의 구원의 섭리 때문이다.

> 요 15:15, 이제부터는 너희를 종이라 하지 아니하리니 종은 주인이 하는 것을 알지 못함이라 너희를 친구라 하였노니
>
> 16절, 너희가 나를 택한 것이 아니요 내가 너희를 택하였노니

예수님이 우리를 선택하여 친구가 되어 주셨다. 허물과 죄로 본질상 진노의 자녀였던 우리를(엡 2:1 이하) 긍휼이 풍성하신 하나님이 우리를 사랑하신 그 큰 사랑을 인하여 허물로 죽은 우리를 그리스도와 함께 살리셨고 그의 큰 은혜로 구원을 받고 선택을 받았다.

3. 내 친구 예수님은 항상 도와주시겠다고 약속하셨다

사람은 친한 친구사이라 할지라도 이해관계에 따라 달라진다. 유익이 있으면 친하게 지내게 되지만 불이익을 당하거나 어렵게 되어 자신에게 유익이 없으면 헌신 버리듯 버림을 당한다. 그러나 예수님은 항상 우리를 도와주시는 참 내 친구이시다.

세계 1차 대전 때 두 친구가 같은 날에 징집되어 전선에 배속되었다. 하루는 수색 정찰을 나갔던 친구가 적진에 고립되어 부상을 당해 피를 흘리고 있었다. 이 광경을 지켜보던 친구가 참호에서 빠져 나와 달려가려 하니 분대장이 가로 막는다.

"가면 안 돼, 너까지 죽을 셈이야. 이미 늦었어."

그러나 잠시 후 분대장의 눈을 피해 참호를 빠져 나가 쓰러져 있는 친구를

들쳐 업고 돌아왔다. 그러나 도착했을 때, 친구는 숨을 거두고 말았다. 분대장은 화를 내며 "그것 봐라 내가 늦었다고 했잖아." "분대장님, 죄송합니다. 하지만 제가 친구 곁에 갔을 때 친구는 저에게, 친구야 나는 네가 나한테 올 줄 알았어"라고 말하였습니다.

그것이 바로 친구이다. 예수님은 자신을 십자가에 희생하여 자신의 생명을 주었다.

> 요 15:13, 사람이 친구를 위하여 자기 목숨을 버리면 이보다 더 큰 사랑이 없나니

예수님의 친구라면 예수 위해 살아가자. 예수님의 친구가 되었다면 세상을 멀리해야 한다. 예수님의 말씀이다.

> 요 15:16, 너희로 가서 열매를 맺게 하고 또 너희 열매가 항상 있게 하여 내 이름으로 아버지께 무엇을 구하든지 다 받게 하려 함이라

> 요 15:14, 너희는 내가 명하는 대로 행하면 곧 나의 친구라

부활 신앙인으로 변화되자

사도행전 2:21-42

1. 예수님은 구원자이시다

행 2:21, 누구든지 주의 이름을 부르는 자는 구원을 받으리라

사도 바울도 똑 같은 말을 하였다.

롬 10:13, 누구든지 주의 이름을 부르는 자는 구원을 받으리라

행 16:31, 주 예수를 믿으라 그리하면 너와 네 집이 구원을 받으리라

이 말을 받아드린 빌립보의 간수장은 사도 바울과 실라를 자기 집에 초대하여 음식을 차려 대접하고 세례를 받아 온 집안이 하나님을 믿음으로 크게 기뻐하고 빌립보교회가 세워지고 중심인물이 되었다.

2. 예수님은 하나님의 아들이시다

예수님은 하나님의 아들로 이 땅에 오셔서 큰 권능과 기사와 표적을 베푸셨다.(행 2:22) 좋은 만남은 큰 축복이 된다. 그러나 불행한 만남은 고통만 있게 된다.

인생의 삶 중에 가장 큰 축복은 하나님의 아들 예수님을 만난 사건이다. 우리 인간의 힘으로 해결할 수 없는 죄 문제, 죽음 문제, 지옥에서 영원히 고통당할 멸망의 문제를 단번에 해결해주신 예수님, 그분은 하나님의 아들이시오, 우리의 구세주, 구원자이시다.

세상에 어느 누구도 해결해 주지 못하는 죄와 지옥 문제를 해결해 주신 예수님을 만난 것은 행운 중에 행운이다.

> 요1서 3:8, 죄를 짓는 자는 마귀에게 속하나니 마귀는 처음부터 범죄함이라 하나님의 아들이 나타나신 것은 마귀의 일을 멸하려 하심이라

> 마 16:16, 주는 그리스도시요 살아계신 하나님의 아들이시니이다

하나님의 아들 예수를 믿으면 예수님께서 우리를 구원해 주신다. 예수님을 만나면 예수님은 항상 세상 끝날까지 사랑하시니까 마귀가 한 길로 왔다가 일곱 길로 도망가 버린다.

3. 예수님은 십자가에서 죽으시고 다시 부활하셨다

예수님은 하나님의 아들이시기에 죄가 없으시다. 예수님은 참 하나님이시다. 신성을 가지셨다. 또 예수님은 참 사람이시다. 그러나 죄가 없으신 분이시다. 예수님은 인성을 가지신 분이시다.

하나님은 죄인을 심판하시는 공의의 하나님이시다. 죄인을 하나님의 나라 천국에서 영생을 살도록 하시려면 죄 없는 자가 대신 그 죄 값을 치러야 하였다.

하나님의 공의를 이루어 드리기 위하여 참 하나님이시요 참 사람이신 예수님께서 십자가에서 우리의 죄를 짊어지고 죽으신 것이다. 십자가에 죽으신 예수님은 성경대로 무덤에 장사지낸 바 되셨다가 삼일 만에 부활하셨다.

> 행 2:23-24, 그가 하나님께서 정하신 뜻과 미리 아신 대로 내준 바 되었거늘 너희가 법 없는 자들의 손을 빌려 못 박아 죽였으나 하나님께서 사망의 고통에서 풀어 살리셨으니 이는 그가 사망에 매여 있을 수 없었음이라

베드로는 다윗이 예수님의 죽으심과 부활과 하나님 보좌 우편에 계실 것을 예언한 예언서를 행 2:25~30을 소개하였다.

행 2:32, 예수를 하나님이 살리신지라 우리가 다 이 일에 증인이로다

4. 부활 신앙으로 변화 받아야 한다

부활의 증인이 된 베드로와 예수님의 제자들의 생애를 기억하자. 베드로 겁쟁이, 비겁자 예수를 버리고 도망했던 제자들 예수 부활을 체험한 후 그들의 생애는 변화되었다.

행 4:5-22을 보면 대제사장과 관리들과 장로, 서기관들이 베드로와 요한을 잡아 심문을 하였다. 그런데 부활 신앙으로 변화 받은 이들은 예수의 부활을 증거하고

행 4:19-20, 하나님 앞에서 너희의 말을 듣는 것이 하나님의 말씀을 듣는 것보다 옳은가 판단하라 우리는 보고 들은 것을 말하지 아니할 수 없다

베드로의 설교를 듣고 삼천 명이 예수를 믿는 역사도 나타났다.(행 2:41)

성령이 충만한 사람

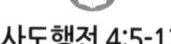

사도행전 4:5-12

I. 예수님은 성령 충만을 받으라 강조하셨다

예수님 죽으시고, 부활하시고, 승천하신 후에 보혜사 성령을 보내주신다 약속하셨다.

> 요 16:7-8, 내가 너희에게 실상을 말하노니 내가 떠나는 것이 너희에게 유익이라 내가 떠나가지 아니하면 보혜사가 너희에게로 오시지 아니할 것이요 가면 내가 그를 너희에게로 보내리니 그가 와서 죄에 대하여 의에 대하여 심판에 대하여 세상을 책망하시리라

> 요 16:13, 진리의 성령이 오시면 그가 너희를 모든 진리 가운데로 인도하시리니 그가 스스로 말하지 않고 오직 들은 것을 말하며 장래 일을 너희에게 알리시리라

예수님은 부활하신 후 제자들에게 나타나셔서 성령을 받으라 하셨다.

> 요 20:22, 그들을 향하사 숨을 내쉬며 이르시되 성령을 받으라

예수님은 부활 후 40일 동안 제자들에게 나타내 보이시고, 하나님 나라의 일을 말씀하시고, 성령을 받고 땅 끝까지 증인이 되라고 분부하셨다.

> 행 1:4-5, 사도와 함께 모이사 그들에게 분부하여 이르시되 예루살렘을 떠나지 말고 내게서 들은 바 아버지께서 약속하신 것을 기다리라. 요한은 물로 세례를 베풀었으나 너희는 몇날이 못되어 성령으로 세례를 받으리라

행 1:8, 오직 성령이 너희에게 임하시면 너희가 권능을 받고 예루살렘과 온 유대와 사마리아와 땅 끝까지 이르러 내 증인이 되리라

2. 성령 충만을 받는 방법이 있다

열심히 기도하면 성령 충만을 받는다.
예수님께서 부활승천 하신 후에, 120문도는 예수님의 유언에 따라 예루살렘을 떠나지 않고 마가 요한의 다락방에서 열심 기도하였다.

행 1:14-15, 여자들과 예수의 어머니 마리아와 예수의 아우들과 더불어 마음을 같이하여 오로지 기도에 힘쓰더라. 모인 무리의 수가 약 백이십 명이나 되더라

행 2:1-4, 오순절 날이 이미 이르매 그들이 다같이 한곳에 모였더니 그들이 다 성령의 충만함을 받고 성령이 말하게 하심을 따라 다른 방언(언어)들로 말하기를 시작하니라

설교(말씀)를 감동적으로 들으면 성령 충만을 받는다.
성령은 말씀의 수레를 타고 역사하신다.

행 10:44-48, 베드로가 이 말을 할 때에 성령이 말씀 듣는 모든 사람에게 내려오시니 베드로와 함께 온 할례 받은 신자들이 이방인들에게도 성령 부어 주심으로 말미암아 놀라니 베드로가 이르되 이 사람들이 우리와 같이 성령을 받았으니

베드로는 오순절에 성령 충만을 받고 하나님의 말씀을 증거하였다. 그가 전한 것은 요엘 선지자의 성령의 부으심을 예언한 내용이다.

행 2:16-21, 하나님이 말씀하시기를 말세에 내가 내 영을 모든 육체에 부어 주리니 너희 자녀들은 예언할 것이요 너희의 젊은이들은 환상을 보고 너희의 늙은이들은 꿈을 꾸리라 그때에 내가 내 영을 내 남종과 여종들에게 부어 주리니 그들이 예언할 것이요

죄를 회개하면 성령 충만함을 받는다.

말씀을 들으면 죄를 깨닫게 된다. 죄를 깨닫게 하는 사역이 성령의 사역이다. 죄를 깨달으면 회개하게 된다. 회개하면 성령 충만하게 된다. 행 2:38, 베드로가 이르되 너희가 회개하여 각각 예수 그리스도의 이름으로 세례를 받고 죄 사함을 받으라. 그리하면 성령의 선물을 받으리니
베드로의 설교를 듣고 회개하여 예수 믿고 세례 받은 자가 3천 명이나 되었다. 5천 명이나 예수 믿는 자가 증가 되었다.(44절)

3. 성령 충만을 받은 사람은 권능을 행한다
오순절 성령 충만 받은 사도 베드로와 요한은 제 구시의 기도 시간에 성전으로 기도하러 갔다. 미문이라는 성전 입구, 40년 동안 구걸하며 살아가던 앉은뱅이가 있었다.

> 행 3:1-10, 오른손을 잡아 일으키니 발과 발목이 곧 힘을 얻고 뛰어서 걸으며 그들과 함께 성전으로 들어가면서 걷기도 하고 뛰기도 하고 하나님을 찬송하니

성령 충만을 받은 베드로와 요한은 앉은뱅이를 예수 이름으로 일으켜 고쳤다.(행 3:6-10)

> 막 16:17-18, 예수의 이름으로 귀신을 쫓아내며 새 방언을 말하며 뱀을 집어 올리며 무슨 독을 마실지라도 해를 받지 아니하며 병든 사람에게 손을 얹은즉 나으리라

사도들의 손을 통하여 민간에 표적과 기사가 많이 일어났다.(행 5 12) 예루살렘 부근의 수많은 병든 사람과 더러운 귀신에게 괴로움을 받는 사람을 고쳐주었다.(행 5:16)
바울은 빌립보 성의 점치는 귀신들린 여인을 고쳐주었다.(행 16:16, 18)
성령 충만한 사람은 예수의 복음을 담대히 전도하게 된다.

십자가와 성찬의 능력

고린도전서 1:17-18

1. 주님은 십자가의 능력을 주시려고 성만찬을 베푸셨다

예수님은 십자가를 지시기 바로 전날, 제자들과 함께 성만찬을 잡수셨다.

> 마 26:1, 예수께서 이 말씀을 다 마치시고 제자들에게 이르시되 너희가 아는 바와 같이 이틀이 지나면 유월절이라 인자가 십자가에 못 박히기 위하여 팔리리라

제자들은 예수님의 말씀이 무슨 뜻인지 알지 못하였다.

예수님과 제자들이 유월절 음식을 잡수시게 되었다. 예수님은 떡을 잡수실 때 말씀하셨다.

> 마 26:26-27, 예수께서 떡을 가지사 축복하시고 떼어 제자들에게 주시며 이르시되 받아서 먹으라 이것은 내 몸이니라 하시고 또 잔을 가지사 감사 기도하시고 그에게 주시며 이르시되 너희가 다 이것을 마시라 이것은 죄 사함을 얻게 하려고 많은 사람을 위하여 흘리시는 바 나의 피 곧 언약의 피니라

떡을 먹게 하시고 잔을 마시게 하신 예수님은 떡과 잔이 곧 예수님 자신이 십자가에서 몸을 찢기시고 보혈의 피를 흘리시며 십자가의 능력을 제자들의 체내에 주입하셨다.

사도 바울은 쓰기를, "내가 너희에게 전한 것은 주께 받은 것이니 곧 주 예수께서 잡히시던 밤에 떡을 가지사 축사하시고 떼어 이르시되 이것은 너희를 위하는 내 몸이니 이것을 행하여 나를 기념하라 하시고 식후에 또한 그

와 같이 잔을 가지시고 이르시되 이 잔은 내 피로 새운 새 언약이니 이것을 행하여 마실 때마다 나를 기념하라 하셨으니 너희가 이 떡을 먹으며 이 잔을 마실 때마다 주의 죽으심을 그가 오실 때까지 전하는 것이니라"(고전 11:23-26) 하셨다.

초대교회에서는 예배드리려 모일 때마다 성찬을 행하였으며, 떡과 잔을 대할 때마다 예수님의 죽으심 곧 십자가를 기억하였다. 예수님의 몸과 예수님의 피를 체내에 주입한 성도들은 순교의 제물이 되어도 겁내지 않았다. 성만찬을 먹은 성도들은 십자가의 능력을 몸 안에 간직한 것이 되는 것이다.

2. 십자가와 성만찬을 복음의 능력이다

> 고전 1:17, 그리스도께서 나를 보내심은 세례를 베풀게 하려 하심이 아니요 오직 복음을 전하게 하려 하심이로되 말의 지혜로 하지 아니함은 그리스도의 십자가 헛되지 않게 하려 함이라

하나님의 아들 예수 그리스도는 복음의 시작이요 끝이시다. 예수님은 자신에 대하여 "나는 알파와 오메가요 처음과 마지막이요 시작과 마침이라"(계 22:13)고 하셨다. 처음과 마지막이 되시는 예수님은 복음의 생명수 샘물을 목마른 자에게 값없이 주시는 생수의 원천이 되시는 분이시다.

마가복음을 기록한 마가는 처음 시작하면서

> 막 1:1, 하나님의 아들 예수 그리스도의 복음의 시작이라

이 멋지고 힘찬 선포는 어떤 변론이나 반론이 용납되지 않는 거룩한 복음의 능력이다. 십자가의 능력이기 때문이다. 예수 십자가 복음이 들어가는 곳에는 생명이 살아난다. 예수 십자가 복음이 선포되는 곳에는 악한 원수 마귀가 달아난다.

예수 복음의 핵심은 십자가이다. 예수 십자가는 사람의 힘으로 해결 할 수 없는 죄 문제를 해결한다. 죽음 문제를 해결 한다. 마귀를 결박해 버린다. 예수님의 십자가 피의 복음을 믿고 성만찬에 참여하면 하나님의 자녀가 된다. 예수 십자가 보혈의 피를 마시면 영생복락을 누리게 된다.

3. 십자가와 성만찬은 구원의 능력이다

성만찬은 아무나 참예하는 것이 아니다. 반드시 세례를 받고 예수님을 구세주로 믿는 신앙고백한 자만 참예할 수 있다. 세례를 받고 구원의 신앙고백을 한 자라고 할지라도 자신을 돌이켜 보아서 신앙의 양심에 거리낌이 없는 자가 참예하는 것이다.

> 고전 11:27-29, 그러므로 누구든지 주의 떡이나 잔을 합당하지 않게 먹고 마시는 자는 주의 몸과 피에 대하여 죄를 짓는 것이니라 사람이 자기를 살피고 그 후에야 이 떡을 먹고 이 잔을 마실지니 주의 몸을 분별하지 못하고 먹고 마시는 자는 자기의 죄를 먹고 마시는 것이니라

> 요 6:54, 내 살을 먹고 내 피를 마시는 자는 영생을 가졌고 마지막 날에 내가 그를 다시 살리니 내 살은 참된 양식이요 내 피는 참된 음료로다

십자가와 성만찬은 복음의 핵심이요 구원을 받는 우리에게는 하나님의 능력을 소유하도록 한다.

성찬-대속의 은혜를 기념하는 예식

고린도전서 11:23-32

I. 성찬은 예수님의 대속의 은혜를 기념하는 예식이다

예수님의 대속의 은혜는 우리 인생이 죄 값으로 죽어야 할 것을 예수님이 대신 희생의 제물이 되셔서 우리의 죄를 대속 해 주신 것을 뜻한다. 구약 시대는 백성의 죄를 짐승에게 전가시키고 죽여 번제물로 태우고 그 피를 지성소 시은좌에 뿌림으로 사유함을 받았다.

> 히 9:12-14, 염소와 송아지의 피로 하지 아니하고 오직 자기의 피로 영원한 속죄를 이루사 단번에 성소에 들어가셨느니라 염소와 황소의 피와 및 암송아지의 재를 부정한 자에게 뿌려 그 육체를 정결하게 하여 거룩하게 하거든 하물며 영원하신 성령으로 말미암아 흠 없는 자기를 하나님께 드린 그리스도의 피가 어찌 너희 양심을 죽은 행실에서 깨끗하게 하고 살아 계신 하나님을 섬기게 하지 못하겠느냐

> 벧전 2:24-25, 친히 나무에 달려 그 몸으로 우리 죄를 담당하셨으니 이는 우리로 죄에 대하여 죽고 의에 대하여 살게 하심이라 그가 채찍에 맞음으로 너희는 나음을 얻었나니 너희가 전에는 양과 같이 길을 잃었더니 이제는 너희 영혼의 목자와 감독 되신 이에게 돌아왔느니라 아멘

성찬은 예수님의 죽으심을 기억하고..기념하면서 떡과 잔을 받아 먹고 마시며(고전 11:26) 주 예수님의 대속의 은혜를 감사하는 예식이다.

2. 성찬은 과거의 나쁜 기억들은 다 몰아내는 예식이다

예수를 믿으면 제일 먼저 해야 할 일은 지난날에 지은 죄를 회개하는 것이다. 세례 요한은 요단강에 세례 받으러 오는 군중을 향해서 회개에 합당한 열매를 맺으라고 하였다.

> "나는 너희로 회개하게 하기 위하여 물로 세례를 베풀거니와 내 뒤에 오시는 이는 나보다 능력이 많으시니 나는 그의 신을 들기도 감당하지 못하겠노라 그는 성령과 불로 너희에게 세례를 베푸실 것이오.(마 3:11)

예수님께서는 전도활동을 시작하시면서 회개할 것을 촉구하셨다. "이때부터 예수께서 비로소 전파하여 이르시되 회개하라 천국이 가까이 왔느니라."(마 4:17)

베드로는 회개할 것을 설교하였다.

> "너희가 회개하여 각각 예수 그리스도의 이름으로 세례를 받고 죄 사함을 받으라 그리하면 성령의 선물을 받으리라."(행 2:38)

"사람이 자기를 살피고 그 후에야 이 떡을 먹고 이 잔을 마실지니"(고전 11:27-29)라고 하였다. 성찬에 참예하는 우리 모두 예수의 보혈로 죄 씻음 받으신 줄 믿으시기 바란다.

성찬식은 우리의 지난날 죄를 기념하는 예식이 아니다. 예수님의 대속 의 은혜를 기억하는 것이다. 내 죄를 위해 십자가 고난을 당하신 예수님을 기념하는 거룩한 예식이다.

이미 회개하고 용서받은 죄를 다시는 떠올리지 말자. 누군가 나를 괴롭혔던 기억이나 나를 미워하는 사람을 생각나게 하는 기억들도 몰아내자. 성찬식은 예수그리스도를 기념하는 것이지 사람을 기억하는 예식이 아니다. 기타 과거의 좋지 못한 추억들도 다 몰아내자.

믿음, 소망, 사랑이 넘치는 교회

고린도전서 13:13

1. 하나님의 택한 백성은 믿음으로 살아야 한다

예수님이 이 땅에 사역하실 때 제자들을 훈련시키시면서 강조하신 말씀은 믿음 있는 자가 되라고 하셨다.

> 막 21:12, 가버나움에서 말씀을 선포하실 때 한 중풍병자를 네 사람에게 메워갖고 예수께로 올새 무리들 때문에 예수께 데려 갈 수 없으므로 그 계신 곳의 지붕을 뜯어 구멍을 내고 중풍병자가 누운 상을 달아 내리니

예수님께서 믿음을 보시고 중풍병자를 고쳐주셨다.

> 막 5:25-29, 열두 해 혈루증으로 앓아 온 여자가 많은 의사에게 많은 괴로움을 받았고 가진 것도 다 허비하였으되 아무 효험이 없고 도리어 더 중하였던 차에 예수의 소문을 듣고 무리 가운데 끼어 뒤로 와서 그의 옷에 손을 대니 이는 내가 그의 옷에만 손을 대어도 구원을 받으리라 생각함일러라 이에 그의 혈루 근원이 곧 마르매 병이 나은 줄 깨달으니라

예수님은 말씀하셨다.

> 막 5:34, 딸아 네 믿음이 너를 구원하였나니 평안히 가라 네 병에서 놓여 건강할찌어다

예수님은 믿음이 없으면 아무 일도 할 수 없다고 가르치셨다.

> 마 17:20, 너희 믿음이 작은 까닭이라 진실로 너희에게 이르노니 만일 너희에게 믿음이 겨자씨 한 알 만큼만 있어도 또 너희가 못할 것이 없

으리라

"복음에는 하나님의 의가 나타나서 믿음으로 믿음에 이르게 하나니 기록된 바 오직 의인은 믿음으로 말미암아 살리라."(롬 1:17)고 하였는데, 종교개혁자 마틴 루터는 이 말씀을 붙잡고 종교개혁을 일으키고 성공하였다. 믿지 않으면 심판과 멸망을 받는다.

요 3:18, 그를 믿는 자는 심판을 받지 아니 하는 것이요 믿지 아니하는 자는 하나님의 독생자의 이름을 믿지 아니 하므로 벌써 심판을 받을 것이니라

하나님을 기쁘시게 해드리는 일은 믿음 뿐 이다.

히 11:6, 믿음이 없이는 하나님을 기쁘시게 하지 못하나니 하나님께 나아가는 자는 반드시 그가 계신 것과 또한 그가 자기를 찾는 자에게는 상 주시는 이심을 믿어야 할지니라

히브리서 11장에는 믿음의 사람 여러 명을 증거로 제시하였다.

2. 하나님의 택한 백성은 소망 가운데 살아야 한다

소망은 바라는 일, 또는 희망이라는 뜻이다.

벧전 1:3, 우리 주 예수 그리스도의 아버지 하나님을 찬송하리로다 그의 많으신 긍휼대로 예수 그리스도를 죽은 자 가운데서 부활하게 하심으로 말미암아 우리를 거듭나게 하사 산 소망이 있게 하시며

벧전 1:21, 너희는 그를 죽은 자 가운데서 살리시고 영광을 주신 하나님을 그리스도로 말미암아 믿는 자니 너희 믿음과 소망이 하나님께 있게 하셨느니라

시 39:7, 주여 내가 무엇을 바라리요 나의 소망은 주께 있나이다

시 43:5, 내 영혼아 네가 어찌하여 낙심하며 어찌하여 내 속에서 불안해 하는가 너는 하나님께 소망을 두고 그가 나타나 도우심으로 말미

> 암아 내 하나님을 여전히 찬송하리로다

고난, 고통 지극한 어려움 속에서도 소망을 갖고 있으면 정금 같이 빛나는 날이 있게 된다.(욥 23:10)

> 갈 5:5, 우리가 성령으로 믿음을 따라 의의 소망을 기다리노니

> 롬 12:2, 소망 중에 즐거워하며 환란 중에 참으며 기도에 항상 힘쓰며

> 롬 8:24, 우리가 소망으로 구원을 얻었으매 보이는 소망이 소망이 아니니 보는 것을 누가 바라리요

3. 하나님의 택한 백성은 사랑을 실천하며 살아간다

예수님은 사랑에 대한 교훈을 계속하셨다.

> 마 22:37-39, 네 마음을 다하고 목숨을 다하고 뜻을 다하여 주 너희 하나님을 사랑하라 하셨으니 이것이 크고 첫째 되는 계명이요 둘째도 그와 같으니 네 이웃을 네 자신 같이 사랑하라 하셨으니 이 두 계명이 온 율법과 선지자의 강령이니라

사도 요한은 "하나님은 사랑이심이니라"고 하였다.

> 요1서 3:18, 자녀들아 우리가 말과 혀로만 사랑하지 말고 행함과 진실함으로 하자.

4. 하나님은 믿음, 소망, 사랑이 넘치는 교회를 축복하신다

믿음, 소망, 사랑은 항상 믿는 성도에게 꼭 있어야 할 3대 요소이다. 믿음, 소망, 사랑이 넘치는 교회를 성도들이 좋아 모여든다. 하나님이 축복해 주시기 때문이다. 올해에는 믿음, 소망, 사랑이 넘치는 교회, 단체, 가정이 되시기를 축원한다.

고난을 축복으로 바꾸라

고린도후서 1:31

I. 하나님의 위로의 말씀과 법을 지키면 고난을 넘어 복을 받는다

고후 1:3-6, 찬송하리로다 그는 우리 주 예수 그리스도의 하나님이시요 자비의 아버지시요 모든 위로의 하나님이시며 이 위로가 너희 속에 역사하여 우리가 받는 것 같은 고난을 너희도 견디게 하느니라

욥기를 보면 욥의 고난은 극치에 달하였다. 자식 10 남매가 몰사하였다.(욥 1:19) 소유를 몽땅 이방인들이 습격하여 탈취해갔다.(욥 1:15-17) 자신의 몸에는 악창이 나서 재 가운데서 기와 조각을 가져다가 몸을 긁고 있었다.(욥 2:8) 그의 아내도 친구도 욥을 조롱 하였다. 욥은 하나님을 원망하지 않았다.

욥은 하나님의 위로를 구하였다.

욥 42:1-2, 욥이 여호와께 대답하여 가로되 주께서는 못 하실 일이 없사오며 무슨 계획이든지 못 이루실 것이 없는 줄 아오니

42:5-6, 내가 주께 대하여 귀로 듣기만 하였사오나 이제는 눈으로 주를 뵈옵나이다 그러므로 내가 스스로 거두어들이고 티끌과 재 가운데에서 회개하나이다

이후에 욥은 10 남매를 다시 얻고 물질은 두 배의 복을 받았고, 장수의 복까지 받았다.(욥 42:12-17)

시 119:87, 고난당하기 전에는 내가 그릇 행하였더니 이제는 주의 말씀을 지키나이다

탕자는 허랑방탕하다가 거지가 되었고 굶주리며 고난당하자 아버지의 말씀을 거역하고 죄를 지은 것 깨닫고 돌아왔을 때 다시 아들의 자리에 회복되었다.(눅 15:11-32)

미국의 3대 대통령 토머스 제퍼슨 - "하나님의 말씀은 내가 처한 모든 곤경에서 언제나 나에게 빛과 힘을 주었다."고 하였다.
현재 자신이 암흑의 고통 속에 방황하고 있다고 생각되는가? 그렇다면 위로의 하나님을 찾자. 희생의 사랑을 베푸신 예수님을 바라보자. 어떤 고난도 견디고 이길 수 있으며, 그 고통스러운 고난 때문에 복을 받는 계기가 된다는 것을 믿으시기 바란다.

2. 고난 중에도 소망을 가져야 복을 받을 수 있다

> 고후 1:7, 너희를 위한 우리의 소망이 견고함은 너희가 고난에 참여하는 자가 된 것같이 위로에도 그러한 줄을 앎이라

고난당할 때 절망하고 낙심하면 마귀가 좋아한다. 예수님은 십자가 고난을 참으시고 무덤에 장사 지내셨지만 삼일 만에 부활하셨다. 주님의 부활과 생명이 우리에게 소망이 되고 위로가 되고 능력이 된다.

> 렘 29:11, 여호와의 말씀이니라 너희를 향한 나의 생각을 내가 아나니 평안이 너희에게 미래와 희망을 주는 것이니라

하나님은 우리의 생각을 바꾸시고 소망으로 넘쳐나도록 만들어주신다.

> 롬 15:13, 소망의 하나님이 모든 기쁨과 평강을 믿음 안에서 너희에게 충만하게 하사 성령의 능력으로 소망이 넘치게 하시기를 원하노라

독일의 신학자 폴 틸리히 - 소망은 고난 가운데 있는 인간에게 위로를 주고 살아야 할 의미를 제공한다고 하였다.

닉 부이치치, 팔도 다리도 없고 몸통과 머리만 있는 장애아 - 그는 부모의 "너에게도 희망이 있다. 하나님께서 지으신 목적이 있다. 그러므로 포기하지 말라"는 격려의 말에 지금은 세계를 다니며 항상 싱글벙글 웃고 가는 곳마다 희망 전도사로 소망과 용기를 심어주는 삶을 살고 있다.

3. 고난을 기도로 극복하면 복을 받는다

고후 1:11, 너희도 우리를 위하여 간구함으로 도우라 이는 우리가 많은 사람의 기도로 얻은 은사로 말미암아 많은 사람이 우리를 위하여 감사하게 하려 함이라

약 5:13-18, 너희 중에 고난당하는 자가 있느냐 저는 기도할 것이요 병이 낫기를 위하여 서로 기도하라 의인의 간구는 역사 하는 힘이 큼이니라

막 11:24, 무엇이든지 기도하고 구하는 것은 받은 줄로 믿으라 그리하면 너희에게 그대로 되리라

영국 철학자 러셀 - "고난을 두려워 말고, 기도하며 결과를 기다리라 그리하면 하나님께서 해결해 주신다."

많이 심는 자, 많이 거두어들이다

고린도후서 9:5-15

1. 신앙성장은 올바른 헌금생활에서 시작된다

올바른 헌금생활은 올바른 신앙자가 되는 지름길이요 하나님의 사역을 감당하는 좋은 교회가 되는 길이다. 사도 바울은 본문에 올바른 헌금생활을 교훈하였다.

> 고후 9:57, 그러므로 내가 이 형제들로 먼저 너희에게 가서 너희의 전에 약속한 연보를 미리 준비하도록 권면하는 것이 필요한 줄 생각하노니 이렇게 준비하여야 참 연보답고 억지가 아니니라 이것이 곧 적게 심는 자는 적게 거두고 많이 심는 자는 많이 거둔다 하는 말이로다 각각 그 마음에 정한 대로 할 것이요 인색함으로나 억지로 하지말지니 하나님은 즐겨 내는 자를 사랑하시느니라

사도 바울은 왜 헌금 드리는 것에 대하여 강조를 하였을까? 그것은 헌금이 하나님 앞에서 복을 심는 것과 같은 행위가 되기 때문이다. 많이 심으면 많이 거두고 적게 심으면 적게 거두는 것이다.(고후 9:6)

예수님께서도 말씀하셨다.

> 마 6:19-21, 너희를 위하여 보물을 땅에 쌓아 두지 말라 거기는 좀과 동록이 해하여 도둑이 구멍을 뚫고 도둑질 하느니라 오직 너희를 위하여 보물을 하늘에 쌓아두라 거기는 좀이나 동록이 해하지 못하며 도둑이 구멍을 뚫지도 못하고 도둑질도 못하느니라 네 보물이 있는 그 곳에는 네 마음도 있느니라

올바른 헌금 자세는,

-미리 준비하여 드림이다.

고린도후서 9:4-5까지에 '준비하여'란 단어가 3번이나 강조되고 있다.

"네 다음을 다하고 목숨을 다하고 뜻을 다하여 힘을 다하여 주 너의 하나님을 사랑하라."(막 12:30)하신 말씀을 기억하자. 하나님은 정성을 보시고 마음을 보시기 때문이다.

- 힘에 지나도록 자원해서 드림이다.

> 고후 8:3, 내가 증언하노니 그들이 힘대로 할 뿐 아니라 힘에 지나도록 자원하여

그 풍성한 연보를 마게도냐 교회가 시행하였다고 하였다.

> 고후 9:7, 각각 그 마음에 정한 대로 할 것이요 인색함으로나 억지로 하지 말지니 하나님은 즐겨 내는 자를 사랑하시느니라

- 기쁨으로 즐겁게 드림이다.

> 고후 9:7, 하나님은 즐겨 내는 자를 사랑하시느니라

2. 십일조 헌금은 하나님의 복을 받는 비결이다

헌금생활 중에서 가장 힘들고 부담스러운 것이 십일조 헌금이다. 극동방송 신앙상담 중에 십일조 상담이 종종 나온다. 소득의 십일조를 하나님이 성경에 명시하여 왜 명령을 하셨을까?

십일조를 드림이 쉬운 것이라면 명령하지 않으셔도 잘 할 것이다. 하기가 힘드니까 명령을 하여서라도 시행하게 하신 것이다. 이유는 간단한다. 하나님의 명령은 지키면 복이 되기 때문이다.

> 레 27:30, 땅의 십분의 일 곧 그 땅의 곡식이나 나무의 열매는 그 십분

의 일은 여호와의 것이니 여호와의 성물이라

말 3:7-12, 온전한 십일조를 창고에 들여 나의 집에 양식이 있게 하고 그것으로 나를 시험하여 내가 하늘 문을 열고 너희에게 복을 쌓을 곳이 없도록 붓지 아니하나 보라

아브라함은 살렘 왕 멜기세덱 제사장에게 십일조를 드렸다.(창 14:19-20) 야곱은 십일조 서원을 하였으며(창 28:20-22) 20년 후에, 거부가 되어 고향으로 돌아왔다.

콜게이트(비누공장 사장)는 16세 때, 배 선장으로부터 십일조 하면 부자가 된다는 설명을 듣고 실천하여 거부가 되었다.

미국의 부흥사 빌리 그래함 목사는, "오늘날 미국이 범하는 가장 큰 죄 중의 하나는 마땅히 하나님께 돌려 드려야 할 것을 도적질 한 것이다. 십분의 일을 드리는 것은 헌금이 아니다. 그것은 이미 하나님께 속한 것이므로 그러므로 우리가 십일조조차 드리지 않으면서 헌금한다고 할수 없다."라고 하였다.

십일조를 드리는 원칙을 세워두자.
- 모든 돈은 십일조를 먼저 떼어 놓고 난 후에 쓴다.
- 밥은 굶어도 십일조는 드린다.
- 온전한 십일조를 드린다.
- 십일조 헌금을 자녀들에게 꼭 가르치겠다.

예수님이 주신 참 자유

갈라디아서 5:1,13-15

1. 두려움에서의 자유를 얻어야 한다

두려움은 자유를 잃어버리게 한다. 사람이 가장 크게 두려워하는 것이 있으니 죽음에 대한 두려움, 미래에 대한 두려움이 있다.

> 창 3:8, 아담과 그 아내가 여호와 하나님의 낯을 피하여 동산 나무 사이에 숨은지라

> 9절, 여호와 하나님이 아담을 부르시며 그에게 이르시되 네가 어디 있느냐

> 10절, 가로되 내가 동산에서 하나님의 소리를 듣고 내가 벗었으므로 두려워하여 숨었나이다

아담과 하와가 왜 하나님을 두려워하였을까? 하나님께 죄를 지었기 때문이었다. 죄를 지으면 두려움이 생긴다. 죄를 지으면 죽음이 오는 것이다.(창 3:19)

일본은 36년 동안 우리나라를 장악하여 갖은 만행을 저질렀다. 일본은 지금도 자신들이 저지른 죄악상이 더 많이 알려질까 봐 두려워하고 있다. 일본의 위안부 학대가 만천하에 알려지게 되었다. 일본은 생체실험(마루타)도 알려질 것을 두려워하여 폭파, 매몰하였으나 만천하에 들어났다.
일본은 만주를 정복하고 하얼빈 남쪽 20km 떨어진 곳에 731부대를 설치하

고 일본의 14세~15세의 400명의 소년 대원을 소집하고 훈련시켜 각종 세균 생체실험을 감행, 독가스 생산실험, 피부를 벗긴 후 세균을 근육에 투입, 각종 세균을 음식물, 과일과 음료수에 섞은 후 먹게 하였고 이로 인해 190명이 모두 사망하였다.

죄를 지으면 두려운 것이다. 그 죄를 감추려고 더 큰 죄를 짓는 것이 인간의 모습이다.

일본은 지금이라도 잘못을 공개 사과해야 할 것이다.

2. 다시는 종의 멍에를 메지 말아야 한다

종의 멍에를 메지 말라(갈 5:1) 종은 노예이다. 멍에는 동물의 목에 올려놓았던 나무로 된 틀로 무거운 것 메고 시키는 대로 따라하는 자유 없는 상태이다.

> 마 11:29-30, 나는 마음이 온유하고 겸손하니 나의 멍에를 메고 내게 배우라 그러면 너희 마음이 쉼을 얻으리니 이는 내 멍에는 쉽고 내 짐은 가벼움이라 하시니라

사도 바울은 자신을 돕는 빌립보 교인들에게, "참으로 나와 멍에를 같이 한 자 네게 구하노니 복음에 나와 함께 힘쓰던 저 부녀들을 돕고 또한 글레멘드와 그 외에 나의 동역자들을 도우라 그 이름들이 생명책에 있느니라."(빌 4:3)고 하였다.

죄의 멍에 에서 벗어나 참 자유를 누리는 방법은 예수님의 멍에를 메는 일이다.

> 갈 5:13-14, 형제들아 너희가 자유를 위하여 부르심을 입었으나 그러나 그 자유로 육체의 기회를 삼지 말고 오직 사랑으로 서로 종노릇 하라 온 율법은 네 이웃 사랑하기를 네 몸 같이 하라 하신 한 말씀에 이루었나니

3. 남북한이 함께 예수님께서 주신 자유를 얻어야 한다

갈 5:15, 만일 서로 물고 먹으면 피차 멸망할까 조심하라

사탄은 인간들이 서로 다투게 만든다. 우리나라에 남북전쟁이 일어났다. 일본과의 전쟁이 끝나자 6·25 민족 간의 전쟁이 일어난 것이다.

남한과 북한이 상생할 수 있는 좋은 협정이 맺어지고, 북한에 무너졌던 교회도 재건되어 예수님 주신 참 자유를 함께 누렸으면 좋겠다. 정치인들의 세계에서도 서로 헐뜯고 싸울 것이 아니라 국민을 잘 살게 하는 정책대결을 통하여 선 경쟁이 되어야 한다.

타인을 죽이려 하면 자기가 먼저 죽는다.

전 10:8, 함정을 파는 자는 거기 빠질 것이요 담을 허는 자는 뱀에게 물리리라 하였다.

"그리스도께서 하나님 곧 우리 아버지의 뜻을 따라 이 악한 세대에서 우리를 건지시려고 우리 죄를 위하여 자기 몸을 드리셨느니라."(갈 1:4)고 하였다. 예수님 때문에 얻은 참 자유, 우리 개인이, 국가가, 북한이 함께 누리는 축복의 사람이 다 되자.

은혜와 평강의 축복이

에베소서 1:1-14

I. 하나님은 은혜와 평강의 축복을 내려주신다

엡 1:2, 하나님 우리 아버지와 주 예수 그리스도 로부터 은혜와 평강이 너희에게 있을 지어다(빌 1:2. 골 12. 살전 1:1 등)

은혜(恩惠). 베풀어 주는 혜택, 헬라 원어-카리스 grace blessing 이다. 성경에서는 은혜를 값없이 주는 선물이라고 설명한다.

엡 28, 너희는 그 은혜에 의하여 믿음으로 말미암아 구원을 받았으니 이것은 너희에게서 난 것이 아니요 하나님의 선물이라

성경에서 은혜는 사죄의 은혜, 구원의 은혜. 하나님의 은혜, 주님의 은혜. 성령의 은혜. 사랑의 은혜 말씀의 은혜 등으로 나타난다.

한나는 서원의 기도를 실천하여 아들 사무엘을 엘리 제사장에게 데려가 하나님의 성전에 드렸다. 그리고 하나님의 은혜가 너무나 큰 것을 깨닫고 찬양의 기도를 하였다.

삼상 27, 여호와는 가난하게도 하시고 부하게도 하시며 낮추기도 하시고 높이시기도 하시는도다

하나님을 찬양한 한나에게 하나님은 복을 주셨다.

삼상 2:21, 여호와께서 한나를 돌보시사 그로 하여금 임신하여 세 아들과 두 딸을 낳게 하셨고 아이 사무엘은 여호와 앞에서 자라니라

다윗은 베들레헴 시골 양을 치는 목동이었다. 하나님께서 은혜를 베푸시니

그가 이스라엘 나라의 왕이 되었다.

> 삼하 7:8-9, 만군 의 여호와께서 이와 같이 말씀하시기를 내가 너를 목장 곧 양을 따르는 데에서 데리다가 내 백성 이스라엘의 주권자로 삼고 네가 가 는 모든 곳에서 내가 너와 함께 있어 네 모든 원수를 네 앞에서 멸하였은즉 땅에서 위대한 자들의 이름 같이 네 이름을 위대하게 만들어 주리라

2. 하나님의 축복은 예정하신 은혜이다

예정이란? 앞으로 할 일을 미리 계획하고 정해 놓음.

> 엡 1:5, 그 기쁘신 뜻대로 우리를 예정하사 예수 그리스도 로 말미암아 자기의 아들들이 되게 하셨으니

우리 조치원장로교회의 교리는 예정론 교리이다. 사도 바울의 예정교리를 성 어거스틴 자신의 체험을 통해 체계를 세웠고, 16세기의 종교개혁자 존 칼빈이 예정교리를 굳게 세웠다.

> 엡 1:4-5, 곧 창세전에 그리스도 안에서 우리를 택하사 우리로 사랑 안에서 그 앞에 거룩하고 흠이 없게 하시려고 그 기쁘신 뜻대로 우리를 예정하사 예수 그리스도로 말미암아 자기 아들들이 되게 하셨으니
>
> 9절, 그의 기뻐하심을 따라 그리스도 안에서 때가 찬 경륜을 위하여 예정하신 것이니
>
> 11절, 우리가 예정을 입어 기업이 되었으니

3. 하나님이 우리에게 예정해 놓은 축복의 은혜

- 우리를 선택해 주신 복이다.

> 엡 1:3-4, 아버지께서 그리스도 안에서 하늘에 속한 모든 신령한 복으로 우리에게 주시되 곧 창세전에 그리스도 안에서 우리를 택하사

선택하는 자는 신중에 신중을 더하여 선택한다.

- 하나님의 아들이 된 복이다.(엡 1.5)

청와대에 들어가려면 신분을 확인하고 엄격한 절차를 거쳐야 한다. 그러나 대통령의 아들이라면 그는 자유자재로 왕래를 한다.

> 갈 4:6-7, 너희가 아들이므로 하나님이 그 아들의 영을 우리 마음 가운데 보내사 아빠 아버지라 부르게 하셨느니라 그러므로 네가 이 후로는 종이 아니요 아들이니 아들이면 하나님으로 말미암아 유업을 받을 자니라

- 죄사함의 축복이다.(엡 1:7-8)
- 하나님의 비밀을 아는 축복이다.(엡 1:9)
- 예수 안에서 형제자매 모두 통일되는 복이다.(엡 1:10)
- 하나님나라의 기업을 상속받는 복이다.(엡 1:11)
- 성령의 인침을 받는 복이다.(엡 1:13)

> 시 43:1, "너는 두려워하지 말리 내가 너를 구속하였고 내가 너를 지명하여 불렀나니 너는 내 것이라."

우리는 하나님의 백성이다. 하나님의 모든 신령한 복을 하나님 자녀에게 은혜로 주신다.

지혜 있는 성도의 삶의 자세

에베소서 5:15-21

I. 세월을 아끼는 생활을 해야 한다

엡 5:16, 세월을 아끼라 때가 악하니라

세상적인 즐거움과 방해요소를 모두 극복하여 주어진 기회와 시간을 선용하여 주의 뜻을 이루어드리라는 뜻이다. "외인에게 대해서는 지혜로 행하여 세월을 아끼라."(골 4:5)고 하였다.

이 세상에는 돌아오지 않는 것이 셋이 있다고 한다.

첫째, 화살 - 과녁을 향해 쏜 화살은 정지하는 일 없이 목표를 향해 날아가 버리고 만다.

둘째, 입에서 나온 말 - 한번 입에서 쏟아 낸 말은 듣는 사람에게 전달된 후 돌아오지 않는다.

민 14:28, 그들에게 이르기를 여호와의 말씀에 내 삶을 두고 맹세하노라 너희 말이 내 귀에 들린 대로 내가 너희에게 행하리니

셋째, 황금과 같은 기회 - 한번 잃어버린 기회는 후회하고 통곡하고 애를 써도 돌아오지 않는다. 한번 지나간 시간은 과거가 되어 버린다. 현재 기회 있을 때 지혜롭게 살아야 한다. 나중에 예수 믿겠다고 하는 사람은 어리석은 자들이다.

세월을 왜 아껴야 할까? 때가 악하기 때문이다. 예수님의 재림이 가까워 오는 말세에는 예수를 믿기에 더욱 힘들다.

2. 주의 뜻을 따라 살아가야 한다

엡 5:17, 그러므로 어리석은 자가 되지 말고 오직 주의 뜻이 무엇인가 이해하라

오직 주의 뜻은 하나님의 뜻이다. 주의 뜻, 하나님의 뜻은?

- 율법의 교훈을 받아 하나님을 잘 섬기는 것이다.

롬 2:18, 율법의 교훈을 받아 하나님의 뜻을 알고 지극히 선한 것을 분간하며

마 7:21, 다만 하늘에 계신 내 아버지의 뜻대로 행하는 자라야 들어가리라

- 거룩하게 사는 것이다.

살전 4:3, 하나님의 뜻은 이것이니 너희의 거룩함이라

- 구원받는 것이다.

요 6:39, 나를 보내신 이의 뜻은 내게 주신 자 중에 내가 하나도 잃어버리지 아니하고 마지막 날에 다시 살리는 이것이니라

벧후 3:9, 아무도 멸망하지 아니하고 다 회개하기에 이르기를 원하시느니라

- 항상 기뻐하고 쉬지 말고 기도하며 범사에 감사하는 생활을 하는 것이다.(살전 5:15-18)

3. 오직 성령 충만한 삶을 살아야 한다

엡 5:18, 술 취하지 말라 이는 방탕한 것이니 오직 성령으로 충만함을 받으라

사람은 무엇엔가 붙잡혀 살아간다.

- 물질에 붙잡혀 사는 사람

가룟 유다 같은 사람이다. (마26:17-26)

술에 붙잡혀 사는 사람

삼손이란 사사는 기생 들릴라 여인에게 붙잡혀 살다가 망하였다.(삿 16:15-17) 사울 왕은 다윗을 시기하며 살다가 망하였다.(삼상 8:10)

지혜 있는 사람은 성령에 붙잡혀 사는 사람이다. 바울은 예수를 핍박하는 자였으나 성령에 붙잡힌 자, 복음전도자로 변화 받아 새사람이 되었다.(행 18:5) 고기잡이 베드로는 예수님을 부인하던 겁쟁이였으나 성령 충만 받은 후 용감한 전도자 예수님의 부활을 증거 하는 능력의 사도가 되었다.(행 1:8, 2:1-4)

술을 아직도 못 끊었는가? 걱정 마시라. 성령님의 충만을 받으면 자연적으로 술을 마시기가 싫어진다. 담배를 피우는 분도 금연이 억지로 안 된다고 한다. 그러나 성령 충만 받으면 담배연기 냄새도 싫어진다. 성령 충만 받으면 더러운 귀신도 떠나가고, 성령만 받으면 모든 질병에서도 치료받는다.

4. 지혜자는 찬양하며 살아간다

기독교는 찬양의 종교이다. 성탄 때의 찬양축제는 하나님께 영광이요, 듣는 성도에게는 큰 은혜가 되었다.

> 엡 5:19, 시와 찬송과 신령한 노래들로 서로 화답하며 너희의 마음으로 주께 노래하며 찬송하며

예수 믿는 성도에게 찬송을 부른다는 것은 큰 복이다. 주님께서 좋아하시는 찬송을 부르면 마귀가 떠나가고 스트레스가 없어진다.

> 히 13:15, 우리는 예수로 말미암아 항상 찬송의 제사를 하나님께 드리자 이는 그 이름을 증언하는 입술의 열매니라

5. 감사하며 살아가자

엡 5:20, 범사에 우리 주 예수 그리스도의 이름으로 감사

살후 1:3, 항상 감사하며

"모든 사람을 위하여 감사하라"(딤전 2:1)고 하였다. 한해를 지켜주심 감사하고, 새해에도 복을 주실 것을 소망하며 감사하자.

예수님의 겸손을 본받자

빌립보서 2:1-11

I. 예수님은 겸손하신 우리의 구세주이시다

① 하늘 영광을 버리시고 이 땅에 사람으로 오셨다.

> 요 1:14, 말씀이 육신이 되어 우리 가운데 거하시매 우리가 그의 영광을 보니 독생자의 영광이요 은혜와 진리가 충만하더라

② 지상생활 33년 동안 겸손한 삶을 생활을 통해서 보여주셨다.

예수님은 만왕의 왕이신데 낮고 천한 마구간에서 탄생하셨고, 왕궁이나 귀족, 부잣집에서가 아닌 가난한 목수의 집에서 30년 동안 부모에게 효도하셨다.

예수님은 가난한 자, 소외된 자, 병든 자. 죄인들을 찾아 위로 고침 소망을 심어 주셨고 구원의 백성으로 축복해 주셨다.

예수님은 우리에게 겸손할 것을 교훈하셨다.

> 막 10:43-45, 너희 중에 누구든지 크고자 하는 자는 너희를 섬기는 자가 되고 너희 중에 누구든지 으뜸이 되고자 하는 자는 모든 사람의 종이 되어야 하리라 인자가 온 것은 섬김을 받으려 함이 아니라 도리어 섬기려 하고 자기 목숨을 많은 사람의 대속 물로 주려 함이니라

③ 십자가의 죽으심과 부활은 겸손의 극치이다.

십자가는 죄인의 사형 형틀이다. 참 신이시오, 참 사람이신 예수님은 온 인

류의 죄 해결을 해 주시려고 죄를 짊어지시고 대속의 제물이 되셨다. 십자가를 바라볼 때마다 예수님을 바라볼 때마다, 대속의 은총을 기억하여야 한다.

2. 예수님의 거룩한 습관, 겸손을 본받은 인물들을 배우십시다

> 약 46, 하나님이 교만한 자를 물리치시고 겸손한 자에게 은혜를 주신다 하였느니라

> 약 4:10, 주 앞에서 낮추라 그리하면 주께서 너희를 높이시리라

하나님은 겸손한 자를 들어 쓰신다.

①모세는 겸손한 사람으로 하나님이 이스라엘 민족의 지도자가 되게 하셨다.

> 민 12:3, 이 사람 모세는 온유함이 지면의 모든 사람보다 더하더라

②요셉은 하나님 앞에서 항상 겸손하였다.
그는 죄짓는 일은 하나님이 보신다고 하여 보디발의 아내의 유혹을 피하다가 감옥에 까지 낮아졌다.(창 39:7-23)
인생의 밑바닥이 옥에 갇힘이다. 노예로 감옥에 까지 낮아진 요셉은 인간 망조가 든 것이다. 그런데 하나님은 놀라운 기적을 베푸셨다. 하나님은 겸손한 자를 들어 높이 올리신다. 옥의 낮은 자리에서 애굽의 총리에까지 올리셨다.

③ 교만의 사람 사울이 예수님을 만나고 겸손한 사람 바울이 되었다.

> 고전 15:9, 나는 사도 중에 가장 작은 자라 나는 하나님의 교회를 박해

하였으므로 사도라 칭함 받기를 감당하지 못할 자니라

엡 3:8, 모든 성도 중에 지극히 작은 자보다 더 작은 나에게 이 은혜를 주신 것은 측량할 수 없는 그리스도의 풍성함을 이방인에게 전하게 하시고

딤전 1:15, 미쁘다 모든 사람이 받을 만한 이 말이여 그리스도 예수께서 죄인을 구원하시려고 세상에 임하셨다 하였도다 죄인 중에 내가 괴수니라

사도 바울은 사도 중에 가장 작은 자로 시작해서 성도 중에 가장 미천한 자가 되고, 죄인 중에 괴수에 이르기까지 겸손해졌다. 그는 처음부터 겸손한 사람이 아니었으나 예수의 마음을 품고 예수님처럼 삶을 살아가니 겸손한 사람이 되었다. "그러나 내가 나 된 것은 하나님의 은혜"(고전 15:10)라고 하였다.

3. 우리도 겸손해질 수 있다
- 사랑의 마음을 갖자.

  빌 2:2, 마음을 같이하여 같은 사랑을 갖고-자기보다 남을 낮게 여기자.

  빌 2:3, 아무 일에든지 다툼이나 허영으로 하지 말고 오직 겸손한 마음으로 각각 자기보다 남을 낮게 여기고

- 예수님의 마음을 품고 살아가자.(빌 2:5)

4. 겸손한 자는 하나님의 축복을 받아 누리게 된다
- 소원을 들어 주신다.(시 10:17)
- 구원을 얻는다.(시 14:94)
- 주께서 높여 주신다.(마 23:12, 약 4:10)

- 먹고 배부르게 된다.(22:26)
- 명예를 얻는다.(잠 29:23)
- 존귀하게 된다.(잠 15:23)
- 지혜가 있게 된다.(잠 11:2)

넷째 묶음

우리도 하나님 나라의 독립운동가_빌 4:1-9

넘치는 감사 생활_골 2: 6-7

항상 은혜로운 말을 하자_골 4:6

범사에 감사하라_전 5:16-24

하나님 교회의 기둥 같은 인물들_딤전 3:15

예수님을 믿어야 천국 가는 길_딤후 3:14-17

용서는 서로가 사는 길이다_몬 1:8-18

예수님께로 나아와 은혜를 받자_히 4:14-16

영원한 친구 되신 예수님_히 13:5-8

거듭난 자에게는 산 소망이_벧전 1:3-9

성경의 빛_벧후 1:19-21

세상을 이기는 성도들_요일 2:12-17

성령님은 내 친구_요일 4:13

선을 행하면 하나님께 기쁨_요삼 9-12

예수님 오셨다, 문 열어라_계 3:14-22

생명책과 행위책_계 20:11-15

우리도 하나님 나라의 독립운동가

빌립보서 4:1-9

1. 충성된 사람, 어디에서나 너희는 위대하여라

영특해야 한다, 출세해야 한다, 부자가 되어야 한다, 성공해야 한다는 명령어가 한군데도 없다. 그러나 "충성하라, 죽도록 충성하라"는 말씀은 성경의 여러 곳에 있다.

예수님은 달란트를 받은 종들에 대한 비유에서 그 이익을 다섯 달란트 남긴 종과 두 달란트를 남긴 종에게 "잘하였도다 착하고 충성된 종아 네가 적은 일에 충성하였으매 내가 많은 것을 네게 맡기리니 네 주인의 즐거움에 참여할지어다 하고 / 그 주인이 이르되 잘하였도다 착하고 충성된 종아 네가 적은 일에 충성하였으매 내가 많은 것을 네게 맡기리니 네 주인의 즐거움에 참여할지어다 하고"(마 25:21, 23)라고 칭찬하셨다.

> 계 2:1, 죽도록 충성하라 그리하면 내가 생명의 면류관을 네게 주리라
> 고전 4:2, 맡은 자들에게 구할 것은 충성이니라

사도 바울은, "나를 충성되이 여겨 내게 직분을 맡기심이니"라고 하였다.(딤전 1:12) 모세는 하나님의 온 집에 사환으로 충성하였고(히 3:5) 그리스도 예수님은 집 맡은 아들로 충성하셨다.(히 3:8)

충성된 자는 복이 많다고 하였다.(잠 28:20) 교회에는 충성스러운 일꾼, 예수님의 참 제자가 필요하다.

하나님 나라의 확장 독립운동가가 누구일까? 바로, 여러분들이다. 365일

빠짐없이 새벽기도를 드리는 충성스러운 기도의 일꾼. 주일예배, 수요예배, 금요 구역 예배 빠짐없이 출석하는 여러분이 바로 면류관 상급 받을 자이다.

2. 자원하는 자이어야 한다

세상 사람들은 이익이 있거나 자신에게 유익이 있는 곳이라면 서로 자원하여 몰린다. 그러나 "예수 믿고 천국 가십시다", "교회로 나오십시오", "부흥사경회에 참석하여 은혜 받으세요." 등등으로 아무리 권면해도 응하지 않는다.

성도들 중에서도 부흥회에 참석하는 일이나 교회 행사에 부담을 갖는 분들이 있다. 성경은 하나님께 억지로 하지 말라고 강조하고 있다.

> 벧전 5:2, 너희 중에 있는 하나님의 양 무리를 치되 부득이함으로 하지 말고 오직 하나님의 뜻을 좇아 자원함으로 하라

> 고후 9:7, 인색함으로나 억지로 하지 말지니 하나님은 즐겨 내는 자를 사랑 하시느니라

3. 꿈이 있는 자, 비전이 있는 자

살아가기가 힘들어졌다. 곡물폭등, 유가 상승, 라면도 1개당 100원씩 인상 자고 나면 물가가 올랐다고 한다. 사회가 불안해졌다. 세상 바라보면 실망, 근심 걱정 살길이 막막해 진다.

우리 조치원장로교회는 100년의 역사가 넘는다. 1906년에 설립되었으니 1919년 기미독립운동에 동참한 교회이다. 긍지를 갖자. 꿈을 갖자. 주님의 나라 확장을 위한 비전을 갖자. 여러분의 이름이 생명록에 기록되어 있다.

> 빌 4:2-3, 유오디아, 순두게 멍에를 같이한 자 저 부녀들을 글레멘드

사도 바울의 동역자 그들의 이름들이 생명책에 있느니라

우리의 비전은 이 땅에 있는 것이 아니다. 하나님 나라가 우리의 꿈이다. 생명책에 여러분과 저의 이름이 있음을 믿으시기 바란다.

4. 부지런히 일하는 사람

　　요 5:17, 내 아버지께서 이제까지 일하시니 나도 일한다

3D 현상으로 실업자가 많다. 우리 성도는 기회가 있는 대로 열심히, 부지런히 일해야 한다.

"누구든지 일하기 싫어하거든 먹지도 말게 하라."(살후 3:10)는 말씀을 기억하자.

5. 항상 기뻐하는 삶을 사는 사람

사도 바울은 옥에 갇혀서 묶여 있으면서도 자유인들을 향해 쓰기를, "주 안에서 항상 기뻐하라 내가 다시 말하노니 기뻐하라."(빌 4:4)고 하였다. 우리 성도의 기쁨이 충만한 삶의 모습, 얼굴 모습을 통해서 하나님의 나라가 확장되고, 우리도 독립운동가인 모습을 보여주도록 하자.

넘치는 감사 생활

골로새서 2:6-7

1. 인생은 하나님께로부터 모든 것을 값없이 받았다

우리는 하나님께로부터 받은 의식주, 육신의 삶에 필요한 모든 자연은총을 받아 누리고 있다는 사실에 감사하자. 하나님은 독생자 예수까지 주셨다.(요 3:16)

예수 그리스도로부터 영생의 축복을 받았다. 원죄와 자범죄로 죽어 지옥 밑창에 갈 수 밖에 없는 죄인인 우리를 예수님은 십자가 대속의 제물이 되시고 우리를 사유해 주셨다.

> 요 1:12-13, 영접하는 자 곧 그 이름을 믿는 자들에게는 하나님의 자녀가 되는 권세를 주셨으니 이는 혈통으로나 육정으로나 사람의 뜻으로 나지 아니하고 오직 하나님께로부터 난 자들이니라

우리는 예수를 주로 받았다. 주로 받았다는 것은 주로 믿었다는 것이다.

> 롬 10:9-10, 네가 만일 네 입으로 예수를 주로 시인하며 또 하나님께서 그를 죽은 자 가운데서 살리신 것을 네 마음에 믿으면 구원을 받으리라 사람이 마음으로 믿어 의에 이르고 입으로 시인하여 구원에 이르느니라

> 롬 8:1, 그러므로 이제 그리스도 예수 안에 있는 자에게는 결코 정죄함이 없나니 이는 그리스도 예수 안에 있는 생명의 성령의 법이 죄와 사망의 법에서 너를 해방 하였음이라

성령을 받았다. 예수를 구주로 모시면 성령 하나님께서 우리 마음에 내주하신다. 120문도는 오순절에 성령 충만을 받았다.(행 2:1-4)
사도 바울은 에베소에 가서 "너희가 믿을 때에 성령을 받았느냐"(행 19:1-7) 묻고, 성령에 대해 잘 모르자 예수에 대해 설명해주었다. 그리고 그들에게 예수 이름으로 세례를 주자 그들이 성령을 받았는데 열두 사람이 성령을 받았다. 성령은 우리의 마음을 감화, 감동, 감격케 하여 예수를 구주로 믿게 하고, 예수를 믿으면 성령을 받게 되는 것이다.

성령은 어떻게 받을 수 있을까?
- 기도할 때

> 눅 11:9-13, 구하라 주실 것이요 찾으라 그러면 찾을 것이요 구하는 자에게 성령을 주시지 않겠느냐-안수 기도 받을 때

사마리아 교회 성도들이 베드로와 요한에게 안수를 받을 때 성령도 받았다.(행 8:15-17) 성령은 돈으로 받는 것이 아니다. 하나님께서 거저 주시는 선물이다.(행 8:18-20)-말씀을 듣는 중에(행 10:44-45)
- 세례를 받을 때

> 롬 8:14-16, 무릇 하나님의 영으로 인도함을 받는 사람은 곧 하나님의 아들이라 너희는 다시 무서워하는 종의 영을 받지 아니하고 양자의 영을 받았으므로 우리가 아빠 아버지라고 부르짖느니라 성령이 친히 우리의 영과 더불어 우리가 하나님의 자녀인 것을 증언하시나니

2. 받은 것을 감사하며 생활하여야 한다

"그리스도를 주로 받았으니 그 안에서 행하라."(골 2:6)고 하신다. 어떻게 행할 것인가를 네 가지로 권면하고 있다. "그 안에 뿌리를 박으며 세움을 받아 교훈을 받은 대로 믿음에 굳게 서서 감사함을 넘치게 하라.(골 2:7)

- 주 안에서 뿌리를 박으라

장마와 태풍이 지나간 들판에 곡식이 넘어지고 물에 잠긴 나무조차 뽑혀 떠내려가고 피해가 매우 심각해졌다. 그런데 뿌리가 깊이 박힌 나무나 곡식은 튼튼하게 서 있는 것을 볼 수 있다. 기독교인들도 믿음의 뿌리를 주님께 깊이 둔 사람은 이단에 넘어가지 않는다. 환난이나 핍박이 와도 흔들림이 없다.

- 주 안에서 믿음에 굳게 서라

야고보 사도는 약 1:3, "믿음의 시련은 인내를 만든다."고 하였고, 베드로 사도는 벧전 1:7 - "믿음은 금보다 귀하다."고 하였다. 믿음에 굳게 서기를 축원한다.

- 넘치는 감사를 하라

감사는 신앙생활의 징표이다. 불신자 때의 생활을 떠난 것에 감사해 보자. 현재 받은 축복에 대해 감사하자. 미래 받을 영생의 축복을 감사하자. "범사에 우리 주 예수 그리스도의 이름으로 항상 아버지께 감사하라."(엡 5:20)

항상 은혜로운 말을 하자

골로새서 4:6

I. 항상 은혜로운 말을 하자

즐거운 말 한 마디는 하루를 빛나게 한다. 은혜로운 말 한 마디는 가는 길을 평탄케 한다. 사랑의 말 한 마디가 복을 준다. 때에 맞는 말 한 마디가 긴장을 풀어 주고, 주의의 한 마디가 용의 불씨가 된다.

잔인한 말 한 마디가 삶을 파괴한다. 쓰디쓴 말 한 마디가 증오의 씨를 뿌리고, 무례한 말 한 마디가 사랑의 불꽃을 끈다. 칼에 베인 상처는 쉬 낫지만 말에 베인 상처는 쉬 낫지 않는다.

미국 시카고 대기업의 클레멘트 스톤 회장은 매일 아침 전 직원들에게 "오늘 기분이 좋다, 오늘 건강하다, 오늘 너무 멋있다."라고 외치게 하였다. 이 세 문장의 말로 수십만 명의 판매 사원들을 훈련시켜 대그룹을 만들었고 큰 경제적인 성공을 거두었다.

무하마드 알리 권투 선수는 상대방 선수를 몇 회에 쓰러뜨리겠다. - 신문기자들에게 예언하는 말을 하였다. 나비처럼 날아서 벌처럼 쏘겠다. 소련 전차처럼 쳐들어갔다가 프랑스 미꾸라지처럼 빠져나오겠다. 나의 승리의 반은 주먹이었고 반은 말에 있었다고 하였다. 세계적인 권투선수의 신비의 힘은 자신이 한 말 긍정적인 말을 하였기 때문이다.

말속에는 위대한 힘이 있다. 부정적인 말을 하면 상대방에게도 기분을 상하게 하고 자신도 결과가 나쁘게 나타나는 법이다.

> 약 3:2, 우리가 다 실수가 많으니 만일 말에 실수가 없는 자라면 곧 온전한 사람이라 능히 온 몸도 굴레 씌우리라

2. 은혜로운 말의 5가지 요소

바울은 성도들이 항상 은혜로운 말, 말에 다가 소금을 쳐서 화목하게 하는 말의 5가지 요소를 교훈하였다.

> 엡 4:29-30, 무릇 더러운 말은 너희 입 밖에도 내지 말고 오직 덕을 세우는데 소용되는 대로 선한 말을 하여 듣는 자들에게 은혜를 끼치게 하라 하나님의 성령을 근심하게 하지 말라 그 안에서 너희가 구속의 날까지 인치심을 받았느니라

- 더러운 말은 입 밖에도 내지 말라

> 엡 4:29, 음행과 탐욕은 너희 중에서 그 이름조차도 부르지 말라 이는 성도에게 마땅한 바니라

더러운 말은 악의가 찬 말, 험담과 중상 모략하는 말로 이런 말을 하게 되면 남에게 해를 끼치고 분쟁을 일으키게 된다. 성도는 깨끗하고 순전한 말을 하여야 한다.

- 덕을 세우는 말을 하라.(엡 4:29)

새해가 되면 자녀들이 부모님에게 세배를 한다. 그때 부모는 덕담을 자녀에게 들려준다. 성도들 사이에서도 덕담을 하자.

- 선한 말을 하라.(엡 4:29)

선한 말은 상대방의 기분을 좋게 한다. 선한 말은 칭찬하는 말이다. 친자녀들에게 칭찬을 하시라. 은혜의 말이다.

> 잠 15:23, 사람은 그 입의 대답으로 말미암아 기쁨을 얻나니 때에 맞는 말이 얼마나 아름다운고

- 듣는 자들에게 은혜를 끼치게 하라.

같은 말이라도 억양을 높여서 하는 말과 부드럽게 하는 말은 듣는 상대방에게 은혜가 될 수도 있고. 감정을 상하게도 할 수도 있다. 천국방언이 있다. 미안해요, 사랑해요, 그렇게 하세요, 참 잘 했어요, 고마워요 등

> 잠 15:1, 유순한 대답은 분노를 쉬게 하여도 과격한 말은 노를 격동하느니라

- 하나님의 성령을 근심하게 하는 말은 사용하지 말라.

성도는 경건한 말, 거룩한 말을 가려서 해야 한다. 말할 때 세상 사람들처럼 욕된 말을 하면 성령께서 근심하신다. 성도는 항상 말할 때 다시 한 번 생각하고 하자.

> 약 1:19-21, 사람마다 듣기는 속히 하고 말하기는 더디하며 성내기도 더디하라 사람이 성내는 것이 하나님의 의를 이루지 못함이라 그러므로 모든 더러운 것과 넘치는 악을 내버리고 너희 영혼을 능히 구원할 바 마음에 심어진 말씀을 온유함으로 받으라

범사에 감사하라

데살로니가전서 5:16-24

1. 범사에 감사하는 믿음의 사람이 되자

범사(凡事) 모든 일, 모든 상황과 환경에서라는 뜻이다. 성도들의 삶에 영향을 주는 '모든 것에서'라는 뜻이다. 성도는 믿음의 사람입니다 믿음의 사람이라면 당연 감사생활을 하여야 한다. 믿음이 약해지면 약해진 것만큼 원망, 불평, 불안이 노출된다. 감사는 믿음과 정비례 된다고 할 수 있다.

2. 감사하면 더 큰 감사의 조건을 주신다

유명한 설교가 스펄전 목사님은 "별빛 보고 감사하면 달빛을 주시고 달빛을 보고 감사하는 사람은 햇빛을 주시고 햇빛을 보고 감사하는 사람은 해와 달이 필요없는 영원한 빛을 주신다"고 하였다.

다윗 왕은 감사의 사람이었다.

> 시 118:1, 여호와께 감사하라 그는 선하시며 그의 인자하심이 영원함이로다

> 6-7절, 여호와는 내 편이시라 내가 두려워하지 아니하리니 사람이 내게 어찌할까 여호와께서 내편이 되사 나를 돕는 자들 중에 계시니 그러므로 나를 미워하는 자들에게 보응하시는 것을 내가 보리로다

사도 바울은 빌립보에서 점치는 귀신들려 고생하는 여인의 귀신을 쫓아내어 주었는데 그 일로 다 좋은 일하고 매 점치는 여인의 주인으로부터 매 맞고 착고에 채여 옥에 갇히는 신세가 되었다. 맞고 옥에 갇혔으니 분통이 터

지는 일이었다. 그런데 밤중에 기도하고 감사 찬송을 하였더니 지진이 일어나고, 옥문이 열리고, 간수장에게 복음을 전하게 되고, 빌립보교회가 세워졌다.(행 16:16-40)

우리나라의 모든 백성이 하나님 아버지께 감사할 일이 많이 있다.
- 세계적인 금융 위기를 우리나라가 제일 먼저 탈출하고 있다.
- 무역수지 400억 달러나 되어 흑자이고, 일본을 앞질렀다고 한다.
- 태풍과 홍수 피해가 없고 과실, 벼농사 콩 배추, 무 등 오곡백과가 풍년이다.
- 세계적인 전염병 신종플루 면역성이 한국 사람이 최고인데 그 이유는 김치, 고추장을 즐겨 먹기 때문이라고 한다.
- 밤낮으로 전기가 밝게 사용하게 되었다는 것이다. 탈북 노동자들의 말, "제일 힘든 것은 전기가 한 번도 휴전되지 않는 것이다."라고 한다.

3. 하나님께 정성껏 감사하자

범사에 감사하라. 쉬운 단어인 것 같지만 주의해야 할 일은 감사 할 수 없는 환경과 처지에 달하였을 때 믿음의 사람은 감사할 수 있다. 역경을 통과하고 나면 축복의 문이 열린다. "하나님께서 큰 축복을 주시려고 고난을 주시는구나, 감사한다."라고 할 수 있는 산앙인이어야 한다.

엡 5:20, 범사에 우리 주 예수 그리스도의 이름으로 하나님께 감사하여

출 23:19, 네 토지에서 처음 거둔 열매의 가장 좋은 것을 가져다가 여호와의 전에 드릴지니라

출 25:2, 기쁜 마음으로 내는 자가 내게 바치는 모든 것을 너희는 받을

지니(고후 9:7)

롬 12:1, 너희 몸을 하나님이 기뻐하시는 거룩한 산 제물로 드리라 이는 너희가 드릴 영적 예배니라

미국에서 한 청년이 교통사고를 당하여 한쪽 다리를 절단하게 되었다. 할 일도 많고 결혼도 해야 하는데 한쪽 다리가 없으니 크게 낙심 하였다. 그는 없는 다리를 쳐다 볼 때마다 한숨이 나왔다.

그러던 어느 날 예수님의 십자가 희생적 사랑을 깨닫게 된다. 없는 다리 보던 것을 있는 다리, 남아 있는 다리를 보며 감사하는 일을 하였다. "하나님 감사한다. 두 다리 없는 사람도 있는데 한쪽 다리 건강하니 감사한다." 그리고 그는 열심히 신학을 공부하여 아프리카 선교사로 갔다.

그는 없는 다리 한 쪽에는 고무다리를 갖고 열심히 전도 하던 중 식인종 마을에 가게 되었다. 식인종들이 뼁 둘러 이 청년 선교사를 잡아먹으려고 한다. 이때 이 청년 선교사가 선수를 쳤다.

"여러분, 내 다리를 잘라 줄 터이니 먼저 맛보고 나서 나를 잡아먹으세요?"

그는 고무다리를 던져 주었다. 식인종들이 놀라면서 고무다리를 뜯어 먹어 보았는데 얼마나 질긴 지 씹히지 않는 것이다. 식인종들은 "세상에 이런 다리는 처음이야, 이 사람은 씹히지 않는 사람이야, 아마 신인가보다."라고 그를 잡아먹는 것을 포기하였다.

그들이 선교사의 말을 듣기 시작했고, 선교를 잘 할 수 있었다. 그때 청년은 크게 하나님께 감사하였다. 하나님께서 고무다리를 주신 것 감사한다 라고.

하나님 교회의 기둥 같은 인물들

디모데전서 3:15

1. 하나님의 집은 하나님의 교회이다

하나님은 살아 역사하시며, 자신의 살아 있는 생명을 우리 인생에게도 주셨다. 하나님께서는 구원자로 예수 그리스도를 이 땅에 보내주셨고 예수님의 33년 생애를 통해 구원의 길을 열어 주셨다.

예수님은 십자가에 죽으시고 부활 승천하셔서 우리의 있을 처소, 천국을 준비하시고 재림하신다. 예수님을 잘 믿을 수 있도록 보혜사 성령을 보내주셨다. 성령의 감동, 감격, 지도로 하나님의 집, 하나님의 교회에서 신령과 진정으로 예배드리도록 하셨다.

하나님의 집, 하나님의 교회에는 여러 가지 재료가 동원되었다. 그중에도 건축물을 버티고 유지하는데 제일 중요한 부분 요소가 기둥이다.

2. 하나님교회의 기둥의 역할

기둥은 건물 지붕의 하중을 받아서 초석(礎石)에 전달하는 구조물, 공간을 형성하는 기본 **뼈**대. 기둥 높이는 건축물의 높이를 결정하는데 커다란 역할을 하며 입면(立面)의 크기를 형성하는 요소가 된다.

솔로몬은 하나님의 성전을 건축할 때 두 개의 큰 기둥을 세웠다. 오른쪽 기둥을 야긴 : '가서 세우리라'(하나님이 세우신다는 뜻), 왼쪽 기둥을 보아스: '그에게 능력이 있다'(하나님에게 능력이 있다는 뜻)라고 불렀다. 우리 교회에는 강단 오른쪽과 왼쪽에 큰 두 기둥이 세워져 있다. 기둥의 역할은 매우 중요하다.

- 건물의 하중을 받아서 견디어 내어야 한다.
- 곧아야 한다. 꼬불꼬불하면 쓸 수가 없다.
- 굵어야 한다. 가느다란 것은 하중, 무게를 견딜 수 없다.
- 구조물, 공간을 형성하는 뼈대이다.

기둥이 굵고 높이 세워지면 건축물도 웅장하게 세워진다. 기둥이 짧으면 건축물도 낮을 수밖에 없다.

- 기둥은 한곳에 정착해 있어야 한다.

기둥이 여기저기 옮겨진다면 건물은 무너지고 말 것이다.

3. 훌륭한 지도자, 인물을 기둥에 비유하였다

사도 바울은 베드로와 야고보, 요한을 기둥이라고 하였다.

> 갈 2:8, 베드로에게 역사하사 그를 할례자의 사도로 삼으신 이가 또한 내게 역사하사 나를 이방인의 사도로 삼으셨느니라

> 9절, 또 기둥 같이 여기는 야고보와 게바와 요한도 내게 주신 은혜를 알므로 나와 바나바에게 친교의 악수를 하였으니 우리는 이방인에게로 그들은 할례자에게로 가게 하려 함이라

기둥이 없으면 집을 지을 수 없는 것과 같이 초대교회의 베드로, 요한, 야고보, 사도 바울, 바나바와 같은 기둥 같은 지도자가 있어서 하나님의 교회가 세워졌다. 오늘까지 하나님의 교회는 살아있는 집이 되었다. 우리 인생은 보잘 것 없는 흙이지만 우리 안에 예수님이 들어오시면 우리도 기둥이 될 수 있다.

> 계 3:12, 이기는 자는 내 하나님 성전에 기둥이 되게 하리니 우리 모두 주님의 교회, 살아계신 하나님의 집에 기둥이 되자.

예수님을 믿어야 천국 가는 길

디모데후서 3:14-17

1. 천국 가는 길은 예수님을 구주로 믿어야 한다

세상 사람들은 모두 믿음으로 살아간다고 할 수 있다. 중요한 것은 누구를 믿으며, 무엇을 믿느냐는 것이다. 종교도 다양하고 믿음의 대상도 많다. 그러나 하나님의 나라, 천국에 가는 대상은 오직 예수님뿐이시다.

> 행 4:12, 다른 이로써는 구원을 받을 수 없나니 천하 사람 중에 구원을 받을 만한 다른 이름을 우리에게 주신 일이 없음이라

예수 그리스도가 하나님의 아들이시요 우리 구주이심을 믿으면 천국에 간다.

> 요 3:36, 아들을 믿는 자에게는 영생이 있고 아들을 순종하지 아니하는 자는 영생을 보지 못하고 도리어 하나님의 진노가 그 위에 머물러 있느니라

> 요 3:15-17, 그를 믿는 자마다 영생을 얻게 하려 하심이라

"하나님이 세상을(자신의 이름을 대입하여 읽자) 이처럼 사랑하사 독생자를(예수님) 주셨으니 이는 그를 믿는 자 마다 멸망하지 않고 영생을 얻게 하려 하심이라 하나님이 그 아들을 세상에 보내신 것은 세상을 심판하려 하심 이 아니요 그로 말미암아 세상이 구원을 받게 하려 하심이라."

예수님께서 친히 하신 말씀이다. 예수님 자신이 로드맵이다. 나를 믿으라고 강조하셨다.

요 14:6, 예수께서 이르시되 내가 곧 길이요 진리요 생명이니 나로 말미암지 않고는 아버지께로 올 자가 없느니라

하나님은 우리가 예수를 믿고 천국에 오도록 하시려고 독생자 예수님을 이 땅에 보내주신 천국 가는 길을 제시하도록 하셨다.

요 6:38-40, 내가 하늘에서 내려온 것은 내 뜻을 행하려 함이 아니요 나를 보내신 이의 뜻을 행하려 함이니라 나를 보내신 이의 뜻은 내게 주신 자 중에 내가 하나도 잃어버리지 아니하고 마지막 날에 다시 살리는 이것이라 내 아버지의 뜻은 아들을 보고 믿는 자 마다 영생을 얻는 이것이니 마지막 날에 내가 이를 다시 살리리라

2. 천국은 누가 가는 곳인가?

세상 수억의 사람이 살아왔고, 죽었으며, 현재도 살아 있고, 죽어가고 있다. 미래에도 수억의 사람이 태어나고 또 죽을 것이다. 그 수많은 인생 중에 하나님께서 현재 나, 당신, 우리를 이 땅에 생명으로 태어나 살게 하셨다. 이 세상의 인생은 누구나 아버지와 어머니를 통해 이 땅에서 생명이 태어났다. 이처럼 하나님 아버지께서는 예수 그리스도를 믿는 믿음을 통해서 인생에게 천국 가는 길을 열어 주셨다.

천국은 누가 가야 하는 곳일까? 내가 가야 한다. 당신이 가야 한다. 우리 모두가 가야 한다. 천국은 예수를 믿는 사람이면 누구나 갈 수 있다. 그런데 중요한 조건이 하나 있다. 그 것은 예수를 믿어야 한다는 것이다. 예수를 믿지 않고 다른 신앙의 대상을 믿으면 천국에 갈 수가 없다.

하나님의 나라 천국은 하나님을 믿어야 간다. 하나님의 나라 천국은 예수님을 구주로 믿어야만 간다. 오직 믿음, 믿음이 천국으로 갈 수 있는 열쇠이다.

엡 2:1, 그는 허물과 죄로 죽었던 너희를 살리셨도다

4:6, 긍휼이 풍성하신 하나님이 우리를 사랑하신 그 큰 사랑을 인하여 허물로 죽은 우리를 그리스도와 함께 살리셨고(너희는 그 은혜에 의하여 믿음으로 말미암아 구원을 받았으니 이 생명을 주사 이 땅에 태어나게 하신 바라) 그리스도 예수 안에서 선한 일을 위하여 지으심을 받은 자니 이 일은 하나님 전에 예비하사 우리로 그 가운데서 행하게 하려 하심이라

천국 가는 길을 안내해주는 말씀, 곧 성경에 따라 예수님을 나의 구주로 믿으면 천국으로 간다. 영생 복락을 얻는다. 하나님은 우리가 예수를 믿고 천국에 오도록 하시려고 독생자 예수님을 나의 구주로 믿게 하셨다.

예수님을 구주로 믿으라. 그리하면 천국에 간다, 영생복락을 얻는다.

용서는 서로가 사는 길이다

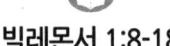

빌레몬서 1:8-18

본문에서 우리는 세 사람을 대하게 된다. 빌레몬과 노예였던 오네시모와 사도 바울이다. 빌레몬서는 사도 바울이 골로새 교회에 사는 유력한 지도자 빌레몬에게 보내는 편지로 죄를 지은 노예 오네시모를 용서하여 주고 형제같이 사랑을 베풀어 주라는 권면의 서신이다.

1. 빌레몬은 사도 바울에게 전도를 받고 예수를 믿게 되었다

> 몬 1:19, 너는 이외에 네 자신으로 내게 빚진 것을 내가 말하지 아니하노라

복음의 빛, 믿음 안에서 낳은 자 사도 바울의 영적 아들임을 뜻한다. 빌레몬을 통해서 그의 아내와 아들 온 가족이 복음화 되었고 자신의 집을 하나님께 예배드리는 교회로 제공하였다.

> 몬 1:2, 자매 압비아와 및 우리와 함께 군사된 아킵보와 네 집에 있는 교회에게 편지하노니

빌레몬은 예수님을 사랑하고, 성도를 사랑하는 칭찬받는 교회의 지도자였다.

> 몬 1:47, 주 예수와 및 모든 성도에 대한 네 사랑과 믿음이 있음을 들음이니

그는 오네시모를 노예로 두었는데 물건을 훔치고 도망간 범법자를 사도 바

울의 권면을 따라 형제로 받고 용서하는 관용의 사람이었다. 그는 사도 바울에게 동역자라는 칭찬을 받은 인물이다.

> 몬 1:1, 우리의 사랑을 받는 자요 동역자인 빌레몬과

2. 오네시모는 유익한 유용한 자란 뜻을 가진 사람이다

오네시모는 빌레몬의 가정에서 종으로, 노예로 살았다. 그는 자신의 욕심에 넘어가 주인의 재물을 훔쳐 로마로 도망을 갔다. 당시에, 로마의 노예법에 의하면 노예가 범죄하면 사형 받아야 할 무거운 죄가 되었다. 그는 사도 바울을 만나 회개하고, 예수를 영접하여 복음을 전하는 사역에 바울의 심복이 되었다.

> 몬 1:10-12, 갇힌 중에서 낳은 아들 오네시모를 위하여 네게 간구하노라 저가 전에는 네게 무익하였으나 이제는 나와 네게 유익하므로 네게 저를 돌려 보내노니 저는 내 심복이라

무익하였으나. 헬라어 아크레스론의 발음과 유익하므로, 헬라어 유크레스톤의 발음이 비슷한 음을 가진 단어로 오네시모의 변화 상태를 언어적으로 잘 표현해 주고 있다.

3. 사도 바울 - 오네시모에게 사랑을 보여준 사도

예수 그리스도의 복음을 전하는 전도자로 보잘 것 없는 노예 죄수를 구원시켜 복음의 심복으로 관용하는 예수 사랑을 실천하는 아름다운 인격을 보여주고 있다.

- 예수 사랑을 실천하였다.

> 요 8:1-11, 여자여 너를 고소하던 그들이 어디 있느냐 너를 정죄한 자가 없느냐 나도 너를 정죄하지 아니하노니 가서 다시는 죄를 범치 말라

- 예수 겸손을 실천하였다.

사도 바울은 자신의 권위를 내세우지 않고 사도권을 주장하지 않았다.

"네 승낙이 없이는 내가 아무것도 하기를 원치 아니하노니 이는 너를 선한 일로 억지같이 되지 아니하고 자의로 되게 하려함이라."(몬 1:14)고 하여 선한 일이 선한 방법으로 달성되어지기를 도모하는 겸손한 자세를 보이고 있다. 겸손은 예수님께서 친히 모범을 보여 주시고 제자들에게 가르쳐 주신 성도의 실천 덕목이다.

- 예수 배려를 실천하였다.

다른 사람을 생각해 주는 자상한 배려를 베풀었다.

사도 바울은 주인의 물건을 훔치고 달아난 자인 오네시모가 거듭나서 새사람 된 사실을 주인인 빌레몬에게 알려주고 오네시모가 주인 빌레몬에게 직접 가서 용서를 받도록 하였다.(몬 1:11-14)

- 사도 바울은 항상 복음의 빚진 자로 살았다. 그는 빌레몬에게 복음을 전하였고 빌레몬은 사도 바울에게 복음의 빚진 자가 되었다. 오네시모가 금전적으로 손상을 입혔다면 그 빚을 대신하게 해 달라는 것이다.

사도 바울의 빌레몬서를 통해 예수 그리스도의 사랑을 우리도 실천하자. 예수님의 용서하라, 관용을 베풀어 라는 교훈을 실천하자.

예수님께로 나아와 은혜를 받자

히브리서 4:14-16

1. 예수님은 하나님의 아들이시다

히 4: 14, 우리에게 큰 대제사장이 계시니 승천하신 이 곧 하나님의 아들 예수시라

예수님은 하나님의 아들이시다. 베드로 사도는 예수에 대한 바른 신앙 고백을 하였다.

마 16:16, 주는 그리스도시요 살아계신 하나님의 아들이시니이다

사도 요한은 예수님을 "하나님의 아들이 나타나신 것은 마귀의 일을 멸하려 하심이라."(요1서 3:8)고 하였다.

마 1:21, 아들을 낳으리니 이름을 예수라 이는 그가 자기 백성을 그들의 죄에서 구원할 자이심이라

예수님은 하나님의 아들이시므로 천사보다 우월하시다.(히 11: 5)
천사들은 부리는 영으로서 구원을 얻을 후사들을 위하여 섬기라고 보내신 영물들이다.(히 11: 14)
하나님의 아들 예수님은 우리의 구원자가 되신다. 우리는 하나님의 아들, 당신의 구세주를 꼭 영접하여 하나님의 자녀가 되어야 한다.

2. 예수님은 우리의 죄를 해결해 주시다

- 죄 때문에 사람들이 불행해졌다.

- 죄 때문에 사람들은 고통을 당한다.
- 죄 때문에 가정이 깨어지고,
- 죄 때문에 죽음이 왔다.

죄를 지은 아담과 하와는 에덴동산에서 추방당하였다. 죄는 하나님을 멀리하게 한다. 죄를 지으면 불행해진다.

인간의 죄는 두 가지이다. 첫째는 원죄요, 둘째는 자범죄이다. 그런데 이 죄를 해결해 줄 해결사는 아무도 없다. 오직 우리의 대제사장 되신 예수님만이 우리의 죄 문제를 해결해 주셨다. 하나님의 아들 예수 죄가 전혀 없으신 예수님이 우리의 죄를 지시고 십자가에 달리신 것이다. 나의 죄, 우리의 죄 해결하시려고 십자가에서 죽으셨다.

> 롬 6:6, 우리가 알거니와 우리의 옛사람이 예수와 함께 십자가에 못 박힌 것은 죄의 몸이 죽어 다시는 우리가 죄에게 종노릇 하지 아니함이니

> 벧전 2:24, 친히 나무에 달려 그 몸으로 우리 죄를 담당하셨으니 이는 우리로 죄에 대하여 살게 하려 하심이라 그가 채찍에 맞음으로 너희는 나음을 얻었나니

3. 예수님은 우리의 모든 것을 체휼하셨다

체휼이란? 인간적인 약함을 몸소 체험하시고 시험도 받으사 인간적인 모든 사정을 잘 알아주신다는 뜻이다.

> 히 4:15, 우리에게 있는 대제사장은 우리 연약함을 동정하지 못하실 이가 아니요 모든 일에 우리와 똑같이 시험을 받으신 이로되 죄는 없으시니라

- 우리에게 현재 당하는 어려움이 있으십니까?

- 고통이 있으십니까?

- 말 못할 사정이 있으십니까?

주님을 만나라. 모든 문제를 해결해 주실 것이다. 예수님은 친히 우리의 약함을 체휼하시고 해결해 주신다. 어떤 시험도 해결 받을 수 있다.

4. 예수님은 성령을 보내주셔서 은혜를 받도록 하신다

> 우리가 긍휼하심을 받고 때를 따라 돕는 은혜를 얻기 위하여 은혜의 보좌 앞에 담대히 나아갈 것이니라.(히 4:16)

예수님 앞에 나오면 예수님은 예수의 영, 진리의 영, 보혜사 성령을 부어 주신다.

> 요 16:13, 진리의 성령이 오시면 그가 너희를 모든 진리 가운데 인도하시리니

> 눅 11:13, 너희 하늘 아버지께서 구하는 자에게 성령을 주시지 않겠느냐

성령은 항상 우리와 함께 하신다.

> 롬 8:26, 성령도 우리의 연약함을 도우시나니 우리는 마땅히 기도 할 바를 알지 못하나 오직 성령이 말할 수 없는 탄식으로 우리를 위하여 친히 간구하시느니라

성령을 받자. 예수님께서도 "성령을 받으라."고 말씀하셨다.

> 행 1:8, 성령이 너희에게 임하시면 너희가 권능을 받고 예루살렘과 온 유대와 사마리아와 땅 끝까지 이르러 내 증인이 되리라

영원한 친구 되신 예수님

히브리서 13:5-8

I. 예수님은 우리를 결코 버리지 않고, 떠나지도 않으신다

> 히 13:5, 돈을 사랑하지 말고 있는 바를 족한 줄로 알라 그가 친히 말씀하시기를 내가 결코 너희를 버리지 아니하고 너희를 떠나지 아니하리라

사람이 살아가는 데는 돈이 필요하다. 그런데 돈은 믿을 것이 못된다. 왜냐하면 돈에 집착하면 돈 사람이 되어 버린다. 돈은 있다가도 없어진다. 돈을 믿다가 돈이 없어진 사람은 비참하게 된다.

> 딤전 6:10, 돈을 사랑함이 일만 악의 뿌리가 되나니 이것을 탐내는 자들은 미혹을 받아 믿음에서 떠나 많은 근심으로써 자기를 찔렀도다

> 약 5:1-3, 들으라 부한 자들아 너희에게 임할 고생으로 말미암아 울고 통곡하라 너희 재물은 썩었고 너희 옷은 좀먹었으며 너희 금과 은은 녹이 슬었으니 이 녹이 너희에게 증거가 되며 불같이 너희 살을 먹으리라 너희가 말세에 재물을 쌓았도다

> 잠 11:4, 재물은 진노 하시는 날에 무익하나

세상의 권력은 좋은 것이다. 그러나 그 권력이 영원하지 못한다. 그 권력 때문에 망하는 사람이 얼마나 많은가?

믿고 의지하고 따라가야 할 분은 오직 예수님뿐이다.

> 골 3:5, 탐심은 우상숭배니라 하였다.

성도는 돈을 사랑 하지 말고 있는 바를 족한 줄로 알고 우리 주님이 영원토록 함께 하신다는 믿음으로 승리하자.

2. 예수님은 우리를 언제나 도와주신다

> 히 13:6, 그러므로 우리가 담대히 말하되 주는 나를 돕는 이시니 내가 무서워하지 아니 하겠노라. 사람이 내게 어찌 하리요

이 말씀은 시편 118:6-8의 말씀을 인용한 내용이다.

> 시 118:6-8, 여호와는 내 편이시라 내가 두려워하지 아니하리니 사람이 내게 어찌할까 여호와께서 내 편이 되사 나를 돕는 자들 중에 계시니 그러므로 나를 미워하는 자들에게 보응 하시는 것을 내가 보리로다 여호와께 피하는 것이 사람을 신뢰하는 것보다 나으며 여호와께 피하는 것이 고관들을 신뢰하는 것보다 낫도다.

시 118편의 저자는 다윗이다. 다윗은 목동으로 블레셋 나라 군인 대장 골리앗 장군을 물매돌로 이긴 후 사울 왕에게 미움의 대상이 된다. 사울 왕은 다윗이 차기 왕이 될 것을 알고 수단방법을 가리지 않고, 죽이려고 하였으나 그때마다 다윗은 죽음을 피하였다. 다윗은 사람을 의지하지 않고, 오직 하나님께만 도움을 청하였다.

왕이 된 후에, 지난날을 회상하면서 자신이 오늘에 있게 된 것을 전적 하나님의 도우심이었음을 감사하여 이 시편을 지었다. "여호와는 내 편이시라." 다윗을 지켜주시고 다윗의 편이 되어 주셨던 여호와는 오늘 우리 성도들의 편이 되어 주심을 믿으시기 바란다.

미국 16대 대통령 에이브라햄 링컨이 노예 해방운동을 일으키자 남부 목화밭 농장 주인들이 반대하여 남북전쟁이 일어났다. 링컨은 기도의 사람이다. 한 부관이 각하 하나님께 기도하면서 하나님이 우리 편이 되어 저 남부군을

소탕하게 해 달라고 기도하자. 이때 링컨 대통령은 "하나님이 내편이 되어 달라기보다는 우리가 하나님 편이 되는 것이 더 좋다."라고 하였다. 하나님의 편이 되면 하나님이 우리 편이 되는 것이다.

> 마 28:18-20, 하늘과 땅의 모든 권세를 내게 주셨으니 그러므로 너희는 가서 모든 민족을 제자로 삼아 아버지와 아들과 성령의 이름으로 세례를 베풀고 내가 너희에게 분부한 모든 것을 가르쳐 지키게 하라 볼지어다 내가 세상 끝 날까지 너희와 항상 함께 있으리라

3. 예수님은 영원한 친구이시다

> 히 13:8, 예수 그리스도는 어제나 오늘이나 영원토록 동일하시니라

> 요 15:13-18, 사람이 친구를 위하여 자기 목숨을 버리면 이보다 더 큰 사랑이 없나니 너희는 내가 명하는 대로 행하면 곧 나의 친구라 이제부터는 너희를 종이라 하지 아니하리니 종은 주인이 하는 것을 알지 못함이라 너희를 친구라 하였노니 내가 내 아버지께 들은 것을 다 너희에게 알게 하였음이라 너희가 나를 택한 것이 아니요 내가 너희를 택하여 세웠나니 이는 너희로 가서 열매를 맺게 하고 또 너희 열매가 항상 있게 하여 내 이름으로 아버지께 무엇을 구하든지 다 받게 하려 함이라

예수님이 우리의 영원한 친구 되심은 우리가 잘나서가 아니다. 예수님이 우리를 택하여 친구로 삼아주셨다. 이 사랑에 감격하여 우리는 죽도록 예수님을 배반치 않고 충성하는 최선의 삶을 살아야 한다. 사랑하는 친구가 있으신가? 그를 예수님께로 인도하여 예수님의 친구가 되도록 하자.

거듭난 자에게는 산 소망이

베드로전서 1:3-9

1. 부활하신 예수님이 함께 하시기 때문이다

예수님은 하나님의 아들이시며 우리의 구주이시다. 예수님은 그리스도로 일하시고 나의 원죄와 자범죄를 십자가에서 도말하시고 대속의 은총을 베푸셨다. 그 놀라운 복음을 귀로 듣고 마음으로 가감 없이 받아들이고 입으로 시인하면 구원의 복을 받는다.(롬 10:9-10)

예수님께서 말씀하셨다.

> 요 11:25-26, 나는 부활이요 생명이니 나를 믿는 자는 죽어도 살겠고 무릇 살아서 나를 믿는 자는 영원히 죽지아니하리니

> 고전 15:20, 이제 그리스도께서 죽은 자 가운데서 다시 살아나사 잠자는 자들의 첫 열매가 되셨도다

산 소망을 주시는 말씀이다.

> 히 9:27, 한번 죽는 것은 사람에게 정해진 것이요 그 후에는 심판이 있으리니

이 말씀을 보면 실망하게 된다. 죽음이 인간의 소망을 빼앗아갔다. 육신으로 태어난 이 세상 모든 인류는 원죄와 자범죄로 말미암아 죽음이란 절망을 안고 살다가 죽는다. 희망이 없다.

그러나 베드로 사도는 예수 그리스도께서 죽은 자 가운데서 부활하셨기 때문에 예수 믿는 성도는 거듭나게 되고(요3:5) 거듭난 자는 부활할 수 있는

살아 있는 소망이 있다는 것을 강조하여 가르쳐 주고 있다.
우리는 이 진리를 믿어야 한다.

2. 하나님나라의 유업을 받을 수 있기 때문이다

> 벧전 1:4, 썩지 않고 더럽지 않고 쇠하지 아니하는 유업을 잇게 하시나니 곧 너희를 위하여 하늘에 간직하신 것이라

세상에 소망을 둘 곳은 아무데도 없다. 한때 잘나가던 기업체가 도산 부도 되었다는 슬픈 소식이 있다.

거듭난 자는 하나님의 자녀이다. 하나님 자녀 거듭난 자가 갈 천국 하늘나라에는 썩지 않고 더럽지 않고 부도가 나지 않는 영원한 기업 우리를 위해 예비해 두었다는 것이다.요1서 3:2, 사랑하는 자들아 우리가 지금은 하나님의 자녀라

> 벧전 2:9, 너희는 택하신 족속이요 왕 같은 제사장들이요 거룩한 나라요 그의 소유가 된 백성이니

> 엡 1:11, 모든 일을 그의 뜻의 결정대로 일하시는 이의 계획을 따라 우리가 예정을 입어 그 안에서 기업이 되었으니

> 엡 2:19, 이제부터 너희는 외인도 아니요 나그네도 아니요 오직 성도들과 동일한 시민이요 하나님의 권속이라

하늘의 기업을 상속받을 권리가 있는 것이다.

3. 하나님의 능력으로 보호하심을 받기 때문에 산 소망이 있다

하나님의 능력은 예비하신 구원을 얻도록 하신다. 믿음을 잃지 않도록 보호하시는 것이다. 거듭난 자에게 산 소망이 있는 것은 아울러 칭찬과 영광과 존귀를 얻게 될 것이기 때문이다.

벧전 1:7, 너희 믿음의 확실함은 불로 연단하여도 없어질 금보다 더 귀하여 예수 그리스도께서 나타나 실 때에 칭찬과 영광과 존귀를 얻게 할 것이니라

우리 교회의 모든 권속들 헌신, 봉사, 충성하셨다가 예수 그리스도께서 나타나실 때에 칭찬과 영광과 존귀를 얻는 주인공이 되시기를 축원한다.

계 2:10, 네가 죽도록 충성하라 그리하면 내가 생명의 면류관을 네게 주리라

- 부활의 산 소망이 있음에 감사하자.
- 부활하신 예수님을 마음에 모시고 산 소망이 넘치시기를 축원한다.
- 부활하신 예수님은 항상 우리와 함께 하신다.

마 28:20, 내가 너희에게 분부한 모든 것을 가르쳐 지키게 하라 볼지어라 내가 세상 끝날 까지 너희와 항상 함께 있으리라

예수님께서 약속하셨다.

성경의 빛

베드로후서 1:19-21

1. 성경은 하나님께서 우리 인간에게 주신 최대의 선물이다

하나님은 성경 말씀, 기록된 하나님의 말씀을 통해 예수 그리스도를 통한 구속의 역사를 이루시고 알리시고 생명의 길로 인도하신다. 성경은 어두움을 밝히는 등불이다. 성경은 빛이다.

> 벧후 1:19, 또 우리에게 더 확실한 예언이 있어 어두운데 비취는 등불과 같으니라

우리에게 더 확실한 예언이 있다는 것은 기록된 성경이다.

> 벧후 1:21, 예언은 언제든지 사람의 뜻으로 낸 것이 아니요 오직 성령의 감동하심을 입은 사람들이 하나님께 받아 말한 것임이니라

> 시 119:105, 주의 말씀은 내 발에 등이요 내 길의 빛이니이다

성경을 공부하는 것은 성도들이 주님을 사랑하는 증거이다. 성경을 배척하고 성경이 없는 나라, 가정은 어두움의 왕, 마귀가 왕좌의 자리에 앉아 그들을 다스린다.

하나님께서 인류를 사랑하셔서 성경을 주셨고 성경을 사랑하고 공부하는 나라와 사람들에게는 밝은 빛 되신 예수님을 영접하게 되므로 어두움의 세력 마귀는 떠나가 버린다. 마귀는 성경을 싫어한다.

마귀가 다스리는 나라들은 성경을 없애려고 한다. 지금, 북한은 사회주의

나라이다. 김일성 우상 때문에 성경을 읽지 못하게 한다. 복음의 밝은 빛 의의 태양 되신 예수님을 믿지 못하게 한다.

● 모퉁이돌 선교회에 기재된 글을 소개한다.
- 어떻게 기도하고 말씀을 읽으십니까?
기도야 이불속에서도 길을 걸으면서도 들이나 산에서 어디서든지 하디요. 기런데 성경이 없어 말씀을 읽을 수가 없습네다. 여기 성도들은 모두 같은 처지이디요.
- 성도들이 많습니까?
나까지 13명 모임네다.
- 그럼, 교회가 있다는 말입니까?(일꾼이 놀라서 물었다.)
내놓고 말하지는 못하지만 성도의 모임이니까 교회이디요. 기런데 우리에게 제대로 된 성경이 없습네다. 어케 성경을 구할 수 있을까 해서 내래 이리 급히 왔시요
- 이번에 성경을 가져오지 못하였습니다.
그럼, 우리 중에서 한 사람을 강 건데 보낼 테니 성경을 좀 주시라요.

북한 성도의 부탁에 의해 강을 건너와 성경을 가져가는 일이 시작되었다. 주석 성경과 일반 성경, 작은 성경을 꾸준히 가져갔다. 그런데 최근 성경을 가져가던 성도 한명이 강을 건너다 북한 경비대에 발각이 되었다. 짐 속에서 성경이 나와 보위부로 이송된 그는 고문에 시달리면서 끝까지 비밀을 지키다 죽어 갔다.
"감옥에서 '아버지, 나를 받아 주시라요.'라는 말을 남기고, 숨을 거두었다고 했시요. 영광이디요 주의 일을 하다. 죽었으니."

나지막한 목소리로 소식을 전하던 북한 성도는 자신의 믿음을 지키고, 하나님의 교회를 지키며 죽어간 순교자의 이야기를 담담하게 들려주었다.

2. 예수님의 말씀은 곧 참빛이다

우리는 성경의 소중함을 알아야 한다. 성경을 잘 알도록 말씀 공부를 열심히 해야 한다. 말씀을 받으면 어두움이 물러가고 주님이 함께 하신다. 성경을 공부하고 성경대로 예수님을 믿으면 영생의 축복을 얻는다. 밝은 곳 영생의 복락을 누리는 천국에 영접함을 받는다.

어두운 이 세상을 밝게 비치는 성경을 자신 뿐 아니라 자녀에게 가르쳐야 한다. 성경을 읽도록 권장해야 한다.

> 딤후 3:15, 또 네가 어려서부터 성경을 알았나니 성경은 능히 너로 하여금 그리스도 예수 안에 있는 믿음으로 말미암아 구원에 이르는 지혜가 있게 하느니라

> 요 5:39, 너희가 성경에서 영생얻는 줄 생각하고 성경을 상고하거니와 이 성경이 곧 내게 대하여 증거하는 것이로다

성경은 예수님의 말씀을 기록한 책이다. 구약은 예수님께서 오실 것을 예언한 말씀이다. 하나님께서 선지자, 예언자들을 통하여 주신 말씀이다. 신약은 말씀으로 오신 예수님의 언행을 기록한 것이다.

> 요 1:1, 태초에 말씀이 계시니라 이 말씀이 하나님과 함께 계셨으니 이 말씀은 곧 하나님이시니라,

> 요 1:9-12, 참빛 곧 세상에 와서 각 사람에게 비취는 빛이 있었나니 그가 세상에 계셨으며 세상은 그로 말미암아 지은 바 되었으되 세상이 그를 알지 못하였고 자기 땅에 오매 자기 백성이 영접지 아니하였으나 영접하는 자 곧 그 이름을 믿는 자들에게는 하나님의 자녀가 되는 권세를 주셨으니

벧후 1:19, 또 우리에게 더 확실한 예언이 있어 어두운 데 비취는 등불과 같으니 날이 새어 샛별이 너희 마음에 떠오르기까지 너희가 이것을 주의하는 것이 가하니라.

샛별은 예수님을 상징한다.

계 2:28, 내가 또 그에게 새벽 별을 주리라

예수 그리스도를 가리키는 말이다. 예수 그리스도는 만국을 다스리는 권세를 갖고 철장 권세를 갖고 다스리신다. 빛이 있는 곳에는 생명이 있다. 어두움이 있는 곳은 죽음이 있다. 예수님은 생명의 근원이시다.

성경은 예수님을 증거 하는 책이다. 1907년, 평양 사경회를 통해 큰 부흥이 있었다. 100년 지난 오늘 평양의 부흥을 재현하려면 성경공부 열심히 하여야 한다. 예수님의 말씀에 순종하여 참 생명, 영혼의 구원을 얻자.

세상을 이기는 성도들

요한일서 2:12-17

I. 세상을 사랑하면 실패한다

성도는 하나님의 자녀이다. 하나님의 자녀들은 세상에서 살아가는 동안에 세상 사람들과 더불어 공존 공생하며 살아가야 한다. 아이나 청년이나 아비들이나 성도들이 세상 사람들과 같은 방법으로 살면 실패한다.

> 요1서 2:15-16, 세상이나 세상에 있는 것들을 사랑하지 말라 누구든지 세상을 사랑하면 아버지의 사랑이 그 안에 있지 아니하니 이는 세상에 있는 모든 것이 육신의 정욕과 안목의 정욕과 이생의 자랑이니 다 아버지께로부터 온 것이 아니요 세상으로부터 온 것이라

- 육신의 정욕: 영적인 것이 아닌 육신의 악한 욕망의 근원을 말한다. 자기만족을 추구하고 하나님을 대적하는 인간의 본성을 말한다.
- 안목의 정욕: 외적인 것을 눈으로 봄으로 유혹을 일으키는 성적인 욕망, 사물을 탐닉하는 욕심을 의미한다.

> 약 1:15, 욕심이 잉태한즉 죄를 낳고 죄가 장성한즉 사망을 낳느니라

- 이생의 자랑: 세상적인 물질이나 명성에 대해 과대평가하여 자랑하는 허세를 부리는 행위, 이런 것을 사랑하면 믿음에 실패한다. 가룟 유다가 실패하였고 시울 왕이 실패하였고, 부자가 실패하여 지옥에 떨어져 고통을 당하게 되었다.(눅 16:19-31)

2. 하나님을 사랑하고 큰 믿음을 가지면 이길 수 있다

요1서 2:14, 너희가 강하고 하나님의 말씀이 너희 안에 거하시면 너희가 흉악한 자를 이기었음이라

흉악한 자는 세상 마귀, 사탄이다. 히 11장을 보면 세상을 이긴 믿음의 선조들의 사연이 기록되어 있다.

- 믿음으로 하나님 말씀 방주를 지어 홍수심판을 이기었다.(히 11:7, 창 7, 8, 9장)
- 믿음으로 아브라함은 75세에 고향친척 아비 집을 떠나 하나님 지시하는 땅에 가서 유업을 받았고 믿음의 조상이 되었다.(히 11:8-19, 창 12장)
- 믿음으로 사라 할머니 나이가 많아 단산하였으나 아들 이삭을 생산하였다.(히 11:11-12)
- 이삭, 야곱, 모세, 기생 라합, 기드온, 바락, 삼손, 입다, 다윗, 사무엘(히 11:20-37)예수님 제자들, 사도 바울, 디모데, 주기철 목사 손양원 목사 신앙의 선조들 모두 믿음으로 승리하여 영생복락 천국에서 안식하고 있음을 믿으시기 바란다.

히 11:38, 이런 사람은 세상이 감당하지 못하느니라

곧 세상을 승리하였다는 것이다.

3. 세상 것들은 다 스쳐지나가는 것이기 때문에 믿음으로 승리한다

세상 것들은 악한 사탄 마귀로부터 온 것이다. 예수님이 말씀으로 사탄을 이겼으니 성도들도 이길 수 있다. 예수께서 하나님의 아들이심을 믿는 자 세상을 이긴다(요1서 5:5)고 하셨다.

요1서 5:4, 무릇 하나님께로부터 난 자마다 세상을 이기느니라 세상을 이기는 승리는 이것이니 우리의 믿음이니라

세상에 유혹받아 하나님 자녀의 신분을 상실하면 실패 인생이 된다. 유명한 설교자가 말하기를, 현대사회가 불행해지는 것 세 가지의 잘못을 지적하였다.

- 물질 본의 사고의식, 황금만능주의

사람들의 행복은 돈에 있는 것으로 생각한다. 그러나 성경은 돈을 사랑하지 말라, 돈을 지배하라고 하신다.

> 히 13:5, 돈을 사랑하지 말고 있는 바를 족한 줄로 알라

> 딤전 6:10, 돈을 사랑함이 일만 악의 뿌리가 되나니 이것을 탐내는 자들은 미혹을 받아 믿음에서 떠나 많은 근심으로써 자기를 찔렀도다.

- 결과 중심적 사고의식

목적의 달성을 위해 수단과 방법을 가리지 않는 이기적인 발상이 사회를 불안 불행하게 만든다. 아무리 목적이 좋아도 과정이 나쁘면 안 된다.

 - 혼합적 신앙관

로마가톨릭 추기경이 모든 종교에도 구원이 있다고 말하여 기독교계에 큰 물의를 일으킨 일이 있다. 모든 종교에 구원이 있는 것이 아니다. 오직 예수 그리스도만이 우리 인류의 구원자이삼을 믿으시기 바란다.

> 요 14:6, 내가 곧 길이요 진리요 생명이니 나로 말미암지 않고는 아버지께로 올 자가 없느니라

성령님은 내 친구

요한1서 4:13

1. 예수님은 성령을 받으라고 하셨다

요 16:13-14, 그러나 진리의 성령이 오시면 그가 너희를 모든 진리 가운데로 인도하시리니 그가 스스로 말하지 않고 오직 들은 것을 말하며 장래 일을 너희에게 알리시리라 그가 내 영광을 나타내리니 내 것을 갖고 너희에게 알리시겠음이라

요1서 4:13, 그의 성령을 우리에게 주시므로 우리가 그 안에 거하고 그가 우리 안에 거하시는 줄을 아느니라

성령님은 우리와 늘 함께 계시는 분이시다. "성령님은 내 친구"라 하셨다.

요 14:26, 보혜사 곧 아버지께서 내 이름으로 보내실 성령 그가 너희에게 말한 모든 것을 생각나게 하리라

행 18, 오직 성령이 너희에게 임하시면 너희가 권능을 받고 예루살렘과 온 유대와 사마리아와 땅 끝까지 이르러 내 증인이 되리라

요 20:22, 그들을 향하사 숨을 내쉬며 이르시되 성령을 받으라

2. 예수님의 말씀대로 오순절 성령님이 강림하셨다

예수님은 보혜사 성령을 보내어 주셔서 제자들과 성도들을 고아와 같이 버려두지 아니하고 너희에게로 오리라 하셨다.(요 14:18)

요 14:16-17, 내가 아버지께 구하겠으니 그가 또 다른 보혜사를 너희에게 주사 영원토록 너희와 함께 있게 하리니 그는 진리의 영이라 세상은 능히 그를 받지 못하나니 이는 그를 보지도 못하고 알지도 못함

이라 그러나 너희는 아나니 그는 너희와 함께 거하심이요 또 너희 속에 계시겠음이라

예수님께서는 십자가에 죽으셨다가 삼일 만에 부활하신 후에, 40일 동안 제자들에게 여러 번 나타나셔서 하나님 나라의 일을 말씀하셨다.(행 1:3) 예수님은 승천하시면서 사도들과 함께 모여 있는 무리들에게, "예루살렘을 떠나지 말고 내게서 들은 바 아버지께서 약속하신 것을 기다리라 요한은 물로 세례를 베풀었으나 너희는 몇 날이 못 되어 성령으로 세례를 받으리라."(행 1:1-4) 하셨다.

주님께서 말씀하신 대로 120문도들이 마가 다락방에서 전혀 기도하다가 오순절에 성령 충만을 받았다.

3. 성령님은 내 친구처럼 항상 함께 계신다

성령님은 우리 마음에 좌정하셔서 변함없는 친구처럼 함께 하시고, 우리를 올바른 믿음의 길로 인도하여 주시고 우리의 성품과 인격을 주님을 닮아가게 역사하신다.

- 베드로를 변화시킨 성령님

예수님의 수제자 베드로는 직업이 어부였다. 그는 고기를 잡는 바닷가에서 예수님께 제자로 부름을 받았다.

마 4:19, 나를 따르라 내가 너희를 사람 낚는 어부가 되게 하리라

예수님의 제자가 된 후에, 베드로는 열성을 다하여 제자수업 훈련을 받았다. 베드로는 수많은 실수도 하였으며 빌라도 법정에서는 계집종에게 예수님을 부인한 겁쟁이 노릇도 하였다. 그러나 오순절 성령 충만 받은 후 베드로는 변화 받았다. 겁쟁이가 용감하게 예수님 부활을 증거하고 많은 기적을 베풀고 십자가에서 거꾸로 순교까지 한 용감한 신앙의 모델이 되었다.

- 성령이 함께 한 사도 바울

사도 바울의 본명은 사울이다.(행 8:1) 사울이 교회를 잔멸할 새 각 집에 들어가 남녀를 끌어다가 옥에 넘겼다. 그는 살기가 등등하여 다메섹 여러 회당에서 예수 믿는 자를 잡으려고 출동하였는데, 그 길에서 예수님을 만났다.(행 9:1~16) 그는 아나니아라는 성도에게 안수 받고 성령을 받은 후 변화된 사람이 되었다(행 9:17)

사울은 이름을 바울로 개명되었고, 안디옥 교회의 파송을 받아 전도자가 되었다. 바울과 실라는 빌립보 성에 귀신들려 점치는 여자를 예수 이름으로 고쳐주고(행 16:17) 모함을 받아 옥에 갇혔으나 밤중에 찬송하고 기도하니 지진이 나고 옥문이 열리고 간수장이 예수 믿는 기적이 나타났다.

- 사도 요한, 100세 장수한 제자이다.

성령님께서 예수님 재림하시고 새 예루살렘 천국이 도래할 것을 미리 보고 요한계시록에 기록하였다. 오늘, 우리들에게 천국 소망을 갖도록 하였다. 성령님은 내 친구처럼 항상 함께 하면 우리의 신앙생활을 승리하게 하신다.

선을 행하면 하나님께 기쁨

요한3서 9-12

1. 하나님은 디오드레베의 악행을 싫어하시다

요3서는 예수님의 사랑받던 제자 사도 요한이 가이오에게 보내는 서신서이다. 그 내용은 가이오 성도가 교회에서 악행을 행하는 디오드레베의 행위를 책망하고 데메드리오의 선행을 본받으라는 권면이다.

> 잠 8:13, 나는 교만과 거만과 악한 행실과 패역한 입을 미워하느니라

> 잠 6.16-19, 여호와께서 미워하시는 것 곧 그 마음에 싫어하시는 것이 예닐곱 가지이니 곧 교만한 눈과 거짓된 혀와 무죄한 자의 피를 흘리는 손과 악한 계교를 꾀하는 마음과 빨리 악으로 달려가는 발과 거짓을 말하는 망령된 증인과 및 형제사이를 이간하는 자니라

2. 디오드레베의 악행을 본받지 말아야 한다

- 으뜸되기를 좋아하는 교만한 사람

> 요3서 9, 내가 두어 자를 교회에 썼으나 그들 중에 으뜸 되기를 좋아하는 디오드레베가 우리를 맞아들이지 아니하니

디오드레베란 이름에는 양육을 받음이라는 뜻이 들어있다. 그는 가이오 교회의 유력한 성도이면서 하나님의 말씀 양육을 잘못 받은 교만한 사람이다. "너희 중에 으뜸이 되고자 하는 자는 너희의 종이 되어야 하리라."(마 20:27)고 예수님께서 교훈하셨다.

요 13:14, 내가 주와 또는 선생이 되어 너희 발을 씻었으니 너희도 서로 발을 씻어 주는 것이 옳으니라

야고보 사도는 그의 서신에서 권면하기를, "하나님이 교만한 자를 물리치시고 겸손한 자에게 은혜를 주신다."(약 4:6)고 하였다.

잠 16:18, 교만은 패망의 선봉이요 거만한 마음은 넘어짐의 앞잡이니라

잠 3:34, 진실로 그는 거만한 자를 비웃으시며 겸손한 자에게 은혜를 베푸시나니

하나님이 세우지 아니하였는데 스스로 지도자, 으뜸 된 자의 행사를 하는 것은 하나님의 주권을 침해하는 무서운 죄가 된다.

- 요한의 사도적 권위를 무시한 사람

요3서 1:9-10, 디오드레베가 우리를 맞아들이지 아니하니 그러므로 내가 가면 그 행한 일을 잊지 아니하리라 그가 악한 말로 우리를 비방하고도 오히려 부족하여 형제들을 맞아들이지도 아니하고 맞아들이고자 하는 자를 금하여 교회에서 내쫓는도다

디오드레베는 오늘날에 적용을 한다면, 교회를 파괴하는 거짓 지도자, 이단적 요소를 지닌 악한 자이다. 사도 요한이 어떤 사람이었나? 예수님께서도 귀중히 여기시는 목회자이다.

디오드레베는 사도 요한의 사도적 권위를 무시하였고, 사도 요한이 파송한 복음 전도자를 접대도 하지 않고 접대하려는 성도들을 방해하고 교회에서 내어 쫓는 사탄의 도구로 전락한 자가 되고 말았다.

마 10:40-42, 너희를 영접하는 자는 나를 영접하는 것이요 나를 영접하는 자는 나를 보내신 이를 영접하는 것이니라.

요 13:17, 너희가 이것을 알고 행하면 복이 있으리라

- 교회 안에 파벌과 분열을 조장하는 악행자

예수님께서 이 땅에 오신 목적은 화평과 일치를 위해서였다.

> 엡 2:13-15, 전에 멀리 있던 너희가 그리스도 예수 안에서 그리스도의 피로 가까워졌느니라 그는 우리의 화평이신지라 둘로 하나를 만드시 새 사람을 지어 화평하게 하시고

디오드레베는 사도들을 중상 모략하였다. 악한 말로 비방하였다. 사도 요한은 디오드레베의 악행을 잊지 아니하리라 하였다(요3서 10절) 그리고 악한 것을 본받지 말라(요3서 11절) 악을 행하는 자는 하나님을 뵈옵지 못한 자라고 책망, 정죄하였다.

3. 하나님은 데메드리오의 선행을 기뻐하셨다.

데메드리오란 이름은 '백성의 어머니'란 뜻이다. 사도 요한은 디오드레베의 악행을 질타하고 데메드리오의 선행을 칭찬하셨다.

- 그의 선행을 뭇 사람들이 칭찬하였다.

> 요3서 12, 데메드리오는 뭇사람에게도, 진리에게서도 증거를 받았으매 우리도 증언하노니 너는 우리의 증언이 참된 줄 아느니라

- 진리에게도 증언을 받았다.

진리는 하나님의 말씀이다 말씀에 어긋난 행위를 하지 않았다는 뜻이다.

- 착한 자라는 증언을 얻었다.

사도 요한도, 성도들도 착한 자, 선한 자라고 증언하였다.

예수님 오셨다, 문 열어라

요한계시록 3:14-22

1. 회개하는 것이 문을 열어 예수님을 영접하는 것이 된다

영접이란 모셔들이는 것, 맞아들이는 것이다. 그러나 집안이 지저분하고 더러우면 손님 모시기가 부끄럽다. 청소를 하고 물건을 정리 정돈하는 것이다. 예수님은 하나님께서 보내주신 우리의 메시야 만왕의 왕, 만주의 주 나의 구원자이시다.

당시에 라오디게아 교회의 행위는 꾸지람을 들어야 하였다.

> 계 3:15-16, 차지도 아니하고 뜨겁지도 아니하도다 내가 차든지 뜨겁든지 하기를 원하노라 차지도 뜨겁지도 아니하니 네 입에서 너를 토하여 버리리라

라오디게아 지방 조금 위쪽에 히에라볼리, 온천물이 세계적으로 유명하였다. 하류로 온천물이 흐르다가 라쿠스 강의 아름다운 물과 합류된다. 그때부터 마실 수 없는 구역질이 나는 수질로 변질되고 만다.

또한 라오디게아 지방에는 피혁공장이 있고, 안약회사가 있어 물질이 풍요로운 곳이다. 주후 60년경 대지진으로 도시가 파괴된 일이 있었는데 자력으로 복구할 정도로 부유한 곳이었다.

2. 마음의 문을 열어라 예수님이 좌정하신다

마음 문의 문고리는 주님께서 잡고 있는 것이 아니라 자신이 갖고 있다. 예수님이 밝은 등불을 들고 구원의 선물, 영생의 선물 잔뜩 갖고 문 입구에서

지금도 두드리고 계신다. 예수 믿는 것은 곧 영접하는 것이요 영접하려면 지난날의 죄를 회개하고 정결케 하면 부끄럼 없이 문을 열어 영접하게 된다.

> 롬 10:10, 사람이 마음으로 믿어 의에 이르고 입으로 시인하여 구원에 이르느니라

3. 예수님을 영접하라

> 벧전 1:8-9, 예수를 너희가 보지 못하였으나 사랑하는도다 이제도 보지 못하나 믿고 말할 수 없는 영광스러운 즐거움으로 기뻐하니 믿음의 결국 곧 영혼의 구원을 받음이라

예수님을 즐거워하고 기뻐하고 구원의 소망이 넘치는 사람은 마음의 문을 열어 예수를 영접한 자이다. 예수님을 진실로 믿는 사람이다.

예수님이 내게 부담이 되고, 짐이 되고, 목사나 예수님을 성도를 만나면 짜증이 나고 싫어지는가? 마음의 문을 열지 못했기 때문이다.

예수님을 귀찮아하지 말자. 주일이 오면 오늘 바쁜 일이 있는데, 다른 약속이 있는데 하고 교회 오는 발걸음을 다른 곳으로 간다면 아직 그는 예수 영접을 못한 상태이다. 회개하자.

예수님께서 라오디게아 교회를 향하여 세상 물질과 혼합종교로 더러워진 죄악을 회개할 것을 지적하셨다.

> 계 3:18-19, 불로 연단한 금을 사서 부요하게 하고 흰 옷을 사서 입어 벌거벗은 수치를 보이지 않게 하고 안약을 사서 눈에 발라 보게 하라 무릇 내가 사랑하는 자를 책망하여 징계하노니 그러므로 네가 열심을 내라 회개하라

생명책과 행위책

요한계시록 20:11-15

1. 자기 행위에 따라 책들에 기록된 대로 심판을 받는 죽음의 책이 있다

계 20:12, 또 내가 보니 죽은 자들이 큰 자나 작은 자나 그 보좌 앞에 서있는데 책들이 펴 있고 또 다른 책이 펴졌으니 곧 생명책이라 죽은 자들이 자기 행위를 따라 책들에 기록된 대로 심판을 받으니

13절, 바다가 그 가운데에서 죽은 자들을 내어 주고 또 사망과 음부도 그 가운데에서 죽은 자들을 내주매 각 사람이 자기의 행위 대로 심판을 받고

창세기 5장을 보면 아담의 족보가 나온다.

창 5:3-5, 아담은 백삼십 세에 자기의 모양 곧 자기의형상과 같은 아들을 낳아 이름을 셋이라 하였고 아담 셋을 낳은 후 팔백 년을 지내며 자녀들을 낳았으며 그는 구백삼십 세를 살고 죽었더라

창 5:27, 셀라는 구백육십구 세를 살고 죽었더라

아담의 족보는 죽음의 족보이다.

2. 죄로 말미암은 죽음

롬 5:12, 그러므로 한 사람으로 말미암아 죄가 세상에 들어오고 죄로 말미암아 사망이 왔나니 이와 같이 모든 사람이 죄를 지었으므로 사망이 모든 사람에게 이르렀느니라

약 1:15, 욕심이 잉태한즉 죄를 낳고 죄가 장성 한즉 사망을 낳느니라

롬 3:10, 기록된 바 의인은 없나니 하나도 없으며

모든 인류와 우리는 본래 사망의 책에 이름이 기록된 사망에 매인 자로 태어나서 죄를 짓고 살아왔고 또 살아가고 있다. 그리고 죄 짓고 죽으면 백보좌 심판대에서 행위대로 죽음의 심판을 받는 것이다.

하나님 앞에서 큰 죄 네 가지 있다. 그것은 불신의 죄, 불신앙의 죄, 불의의 죄, 불선의 죄이다. 그보다 더 큰 죄는 회개하지 않는 죄이다.

계 16.9, 사람들이 크게 태움에 태워진지라 이 재앙들을 행하는 권세를 가지신 하나님의 이름을 비방하며 또 회개하지 아니하고 주께 영광을 돌리지 아니하더라

죽음의 책, 행위의 책대로 심판을 받으면 그 결과는?

계 20:14, 사망과 음부도 불못에 던져지니 이것은 둘째 사망 곧 불못이라

계 21:8, 두려워하는 자들과 믿지 아니 하는 자들과 흉악한 자들과 살인자들과 음행하는 자들과 점술가들과 우상숭배자들과 거짓말하는 모든 자들은 불과 유황으로 타는 못에 던져지리니 이것이 둘째 사망이라

이 무서운 심판 불 못에 던져짐을 받을 수밖에 없는 인류에게 저와 우리 모두에게 가쁜 소식 복음이 있다. 예수를 믿으면 죽음의 책에 기록된 우리의 이름이 예수의 보혈로 지워지고 우리의 이름이 생명책으로 옮겨진다.

3. 누구든지 생명책에 기록되지 못한 자는 불못에 던져지리라

이 말씀은 절망적인 말씀이다. 그런데 자세히 주의 깊게 의미를 되새기면서 읽어보자. "누구든지 생명책에 기록"까지 읽고, 그 다음 단어를 "된 자들은", 이렇게 고치면 '불못에 던져 지지 않게 되도다.' 라고 할 수 있다. 어떻게 그렇게 될 수 있을까? 그렇게 된다는 것은 기적이다. 우리는 환호해야

한다.

예수님께서 하신 말씀이다.

> 요 5:24, 내가 진실로 진실로 너희에게 이르노니 내 말을 듣고 또 나 보내신 이를 믿는 자는 영생을 얻었고 심판에 이르지 아니하나니 사망에서 생명으로 옮겼느니라.

마 1:1 이하의 예수 그리스도의 계보를 보면 계속해서 낳고 낳고만 기록되고, '죽었고'라는 말이 없다. 아담의 족보에는 '죽었고'가 있지만 예수님의 족보에는 '낳고'만 있다. 예수님의 족보는 생명의 족보 즉 생명의 책이기 때문이다.

> 롬 5:17, 은혜와 의의 선물을 넘치게 받는 자들은 한 분 예수 그리스도를 통하여 생명 안에서 왕 노릇 하리로다

사도 바울은 자신과 함께 하는 동역자들이 생명책에 기록되어 있다고 증언하였다.

> 빌 4:3, 또 참으로 나와 멍에를 같이 한 네게 구하노니 복음에 나와 함께 힘쓰던 저 여인들을 돕고 또한 글레멘드와 그 외에 나의 동역자들을 도우라 그 이름들이 생명책에 있느니라

예수 잘 믿는 사랑하는 성도들의 이름이 생명책에 수록되어 있고, 충성스럽게 선한 일을 해서 상을 받는 모두가 되시기를 축복한다.

하나님은 비전의 사람을 쓰신다

1판 인쇄일: 2019년 12월 5일
1쇄 발행일: 2019년 12월 10일

지은이_박복수
펴낸이_한치호
펴낸곳_종려가지
등록_제311-2014000013호(2014.3.21.)
주소_서울특별시 은평구 은평로14길 9-5
전화_02)359.9657
디자인 내지_구본일
디자인 표지_이순옥
제작대행_세줄기획(02.2265.3749)
영업대행_두돌비(02.964.6993)

ISBN 979-11-87200-78-9 03230

ⓒ2019, 박복수

값 11,000 원

이 도서의 국립중앙도서관 출판예정도서목록(CIP)은 서지정보유통지원시스템 홈페이지(http://seoji.nl.go.kr)와 국가자료종합목록 구축시스템(http://kolis-net.nl.go.kr)에서 이용하실 수 있습니다.(CIP제어번호 : CIP2019048833)